Denis Herold

Biographien der Seele

Denis Herold

Biographien der Seele

Lebensentwürfe in Hermann Hesses Romanen „Der Steppenwolf" und „Narziß und Goldmund"

Tectum Verlag

Denis Herold

Biographien der Seele.
Lebensentwürfe in Hermann Hesses Romanen „Der Steppenwolf" und „Narziß und Goldmund"

ISBN: 978-3-8288-9639-0

Umschlagabbildung: © gernot1610 : www.photocase.com

Besuchen Sie uns im Internet
www.tectum-verlag.de

Bibliografische Informationen der Deutschen Nationalbibliothek
Die Deutsche Nationalbibliothek verzeichnet diese Publikation in der Deutschen Nationalbibliografie; detaillierte bibliografische Angaben sind im Internet über http://dnb.ddb.de abrufbar.

1 Einleitung

> In meinem Leben haben stets Perioden einer hochgespannten Sublimierung, einer auf Vergeistigung zielenden Askese abgewechselt mit Zeiten der Hingabe an das naiv Sinnliche, ans Kindliche, Törichte, auch ans Verrückte und Gefährliche.[1]

Diese Selbstbeschreibung Hermann Hesses (1877-1962) stellt das zentrale Sujet dar, dessen sich Hesse in seinen Romanen *Der Steppenwolf* (1927) und *Narziß und Goldmund* (1930) angenommen hat und welches Thema der vorliegenden Arbeit sein soll: der Konflikt zwischen einer passiv-geistigen Lebensweise und einer aktiv-sinnlichen, zwischen einer vita contemplativa und einer vita activa. Soll man sein Leben dem Studium widmen, dem Theoretisieren, dem Intellektualismus, der Selbstdisziplin, in Sicherheit, aber ohne nennenswerte Erfahrungen? Oder lieber dem Abenteuer, der Leidenschaft, der Sinnlichkeit, voller Erlebnisse, aber in Gefahr für Leib und Seele? Gibt es gar einen erstrebenswerten, einen lebenswerten Mittelweg?

Hesses Werk und Leben sind untrennbar miteinander verbunden. Bereits bei flüchtiger Betrachtung der Werke und der Biographie Hesses wird deutlich, dass der Nobelpreisträger von 1946 Zeit seines Lebens zwischen diesen beiden Polen Geist und Sinnlichkeit hin- und her gerissen war und diese Dichotomie Ausdruck in seinem literarischen Schaffen fand.

Unter Verwendung der hermeneutischen Methodik möchte ich aufzeigen, dass dieser Konflikt in den Romanen *Der Steppenwolf* und *Narziß und Goldmund* besonders thematisiert wird und dass der Autor darin zwei Lebensentwürfe vorstellt, mit diesem Konflikt umzugehen:

Dem Außenseiter Harry Haller, dem Steppenwolf, gelingt es nicht, das Leben in seiner Unvollkommenheit zu akzeptieren. Er kann seinen Konflikt nicht lösen, aber er erkennt, dass es eine Hoffnung gibt, die Hoffnung auf Veränderung durch einen Prozess der eigenen Wandlung, durch das Erlernen, dem Leben mit Humor zu begegnen.

Der ehemalige Klosterschüler Goldmund widmet sein Leben zunächst ganz der Sinnlichkeit, um schließlich zu lernen, dass dieser Konflikt durch einen Prozess der Versöhnung mittels der Kunst aufgelöst werden kann.

---

1 Aus dem Vorwort zu *Krisis* (1928). Zit. nach: Materialien zu Hermann Hesses „Der Steppenwolf". Hrsg. von Volker Michels. 7. Auflage. Frankfurt am Main: Suhrkamp 1981. S. 161.

Der hermeneutische Ansatz ist zur Untersuchung dieser Thesen aus folgenden Gründen besonders geeignet:

Friedrich Schleiermacher bot zwischen 1805 und 1833 zum ersten Mal eine Form systematischer Reflexion, die vielen späteren Auseinandersetzungen zum Ausgangspunkt diente. Für Schleiermacher ist Hermeneutik die „Kunst, die Rede eines anderen zu verstehen", Kunst darum, weil die Praxis der Hermeneutik eher einer Kunst als einem technischen Verfahren ähnele.[2] Verstehen ist im Verständnis Schleiermachers die Umkehrung des Redens.[3]

Schleiermachers Hermeneutik vollzieht sich in einer *grammatischen* (sprach- bzw. textbezogenen) und in einer *psychologisch-technischen* (personalbezogenen) Auslegung.[4] Die grammatische Interpretation befasst sich mit der Analyse der Rede (hier die literarische Erzählung) in Bezug auf das Ganze der Sprache, die Untersuchung der Rede im Kontext des Denkens des Autors findet in der psychologisch-technischen Auslegung statt.[5] „Psychologisch" meint in diesem Zusammenhang nicht etwa ein „Hineinversetzen" in den Autor im Sinne einer Art kongenialer Rekonstruktion der Intention des Autors. Psychologische Interpretation meint auch nicht den Versuch, den *einzigen*, den *wahren* Sinn des Textes zu erkennen, den der Autor vermitteln wollte, sondern vielmehr eine Annäherung an das Gemeinte, gleichsam einer Spurensuche des nicht mehr ganz erfassbaren Sinns. Eine sinnvolle Deutung soll durch ein eher *ahnendes* als durch ein analysierendes Verfahren erfolgen.[6] Diese verschiedenen Auslegungsarten (grammatische und psychologisch-technische) gehen nicht nur ineinander über, sie setzen sich auch wechselweise voraus. Diese Wechselbeziehung strukturiert den Vorgang der Auslegung, man spricht dabei von dem *hermeneutischen Zirkel*.[7]

Ausgangspunkt meiner Untersuchung soll die Biographie des Autors Hesse sein aufgrund der engen Verknüpfung zwischen seinem (Er-)Leben und seinen literarischen Ausdrucksformen. Die Hermeneutik

---

2 Vgl. Dorothee Kimmich: Einleitung: Hermeneutik. In: Texte zur Literaturtheorie der Gegenwart. Hrsg. von Dorothee Kimmich, Rolf Günter und Bernd Stiegler. Stuttgart: Reclam 1996. S. 21.

3 Vgl. Peter Szondi: Einführung in die literarische Hermeneutik. Studienausgabe der Vorlesungen. Band 5. Frankfurt am Main: Suhrkamp 1975. S. 190.

4 Vgl. Friedrich Schleiermacher: Hermeneutik und Kritik. Hrsg. von Manfred Frank. Frankfurt am Main: Suhrkamp 1977. S. 167.

5 Vgl. Peter Rusterholz: Hermeneutische Modelle. In: Grundzüge der Literaturwissenschaft. Hrsg. von Heinz Ludwig Arnold und Heinrich Detering München: DTV 1996. S. 114.

6 Vgl. Kimmich, D.: Einleitung: Hermeneutik. S. 21, 22.

7 Ebd. S. 25.

stellt dafür den notwendigen Ansatz zur Verfügung: Im Zentrum der Hermeneutik Schleiermachers steht das Verstehen eines Aktes, einer Handlung sprachlicher Kommunikation. Nach Schleiermachers Verständnis ist eine sprachliche Äußerung Ausdruck eines Lebensmomentes („das den Schreibenden bewegende Prinzip"[8]), dessen Verständnis aus dem historischen Lebenskontext rekonstruierbar ist.[9]

Der historische Lebenskontext findet auch Bedeutung bei Hans-Georg Gadamer. In seinem Werk *Wahrheit und Methode* (1960) legt Gadamer – entsprechend dem Untertitel – *Grundzüge einer philosophischen Hermeneutik* dar. Für Gadamer ist Sprache die Grundbefindlichkeit menschlicher Existenz und die Interpretation von schriftlichen Texten ein Teilbereich dessen, was Verstehen, Erfahrung und Sein überhaupt bedeutet („Sein, das verstanden werden kann, ist Sprache").[10] Gadamer prägte in diesem Zusammenhang den Begriff der *Horizontverschmelzung*:

> Insofern ist der eigene Horizont des Interpreten bestimmend, aber auch er nicht wie ein eigener Standpunkt, den man festhält oder durchsetzt, sondern mehr wie eine Meinung und Möglichkeit, die man ins Spiel bringt und aufs Spiel setzt und die mit dazu hilft, sich wahrhaftig anzueignen, was in dem Texte gesagt ist.[11]

Gadamer zufolge ist es bei der Erschließung des Sinnes eines Textes nicht damit getan, den Text allein in seinem kulturell-historischen Zusammenhang zu betrachten, denn es sei fraglich, wo eine zeitliche Grenze gezogen werden könne:

> Auch wenn man den Sinn eines Textes objektiv zu bestimmen sucht, indem man ihn als zeitgenössische Anrede versteht und auf seinen ursprünglichen Leser bezieht, wie das Schleiermachers Grundannahme war, kommt man nicht über eine Zufallsbegrenzung hinaus. [...] Denn was ist Zeitgenossenschaft? [...] Was schriftlich fixiert ist, hat sich von der Kontingenz seines Ursprungs und seines Urhebers abgelöst und für neuen Bezug positiv freigegeben.[12]

Insofern ist Aufgabe der Hermeneutiker die Überwindung der historischen Distanz. Peter Szondi bezeichnet den Hermeneutiker als einen

---

8 Schleiermacher, F.: Hermeneutik und Kritik. S. 167.

9 Vgl. Rusterholz, P.: Hermeneutische Modelle S. 113.

10 Vgl. Kimmich, D.: Einleitung: Hermeneutik. S. 23.

11 Hans-Georg Gadamer: Sprache als Medium der hermeneutischen Erfahrung. In: Texte zur Literaturtheorie der Gegenwart. Hrsg. von Dorothee Kimmich, Rolf Günter Renner und Bernd Stiegler. Stuttgart: Reclam 1996. S. 29.

12 Ebd. S. 31, 32.

„Dolmetscher", einen „Vermittler, der auf Grund seiner Sprachkenntnis das Unverstandene, das nicht mehr Verständliche, verständlich macht".[13]

Jürgen Habermas hat in seinem Werk *Erkenntnis und Interesse* (1973) dargelegt, wie *Verstehen* aus der Sicht des Hermeneutikers Wilhelm Dilthey möglich ist. Demzufolge ist Verstehen ein Akt, in dem Erfahrung und theoretisches Erfassen verschmelzen, symbolische Zusammenhänge werden durch explizierenden Nachvollzug *verstanden*.[14]

Dabei dringt das Verstehen in die fremden Lebensäußerungen durch eine Transposition aus der Fülle eigener Erlebnisse ein: „Verstehend verlege ich das eigene Selbst so in ein Äußeres, dass ein vergangenes oder fremdes Erlebnis im eigenen wieder gegenwärtig wird."[15] Nachvollzogen wird nicht ein physischer Zustand, sondern die Hervorbringung eines Produktes.[16] Hierbei ist die individuelle Lebensgeschichte des Autors von besonderer Bedeutung im Verstehensprozess. Die Identität des lebensgeschichtlichen Zusammenhangs hat die Dimension der Zeit in sich aufgenommen, die der sprachlichen Kommunikation fehlt. Die umfassenden Strukturen, die durch die einzelnen Lebensgeschichten hindurch greifen, werden am Beispiel des konkreten Sprachaktes unter Berücksichtigung der Biographie deutlich.[17]

Ich werde versuchen, das „den Schreibenden bewegende Prinzip" im Folgenden explizierend nachzuvollziehen. Dazu soll zunächst der Text der Erzählungen *Steppenwolf* und *Narziß und Goldmund* untersucht (grammatische Auslegung) und gleichzeitig an geeigneten Stellen exemplarisch der enge Bezug zu Hesses realem Leben aufgezeigt (psychologisch-technische Auslegung) werden. Dabei werden die Unterschiede in den Lebensentwürfen Harry Hallers und Goldmunds erörtert und die Entwicklung dargelegt, die zwischen den beiden Erzählungen stattfindet. Mit Lebensentwurf meine ich in diesem Zusammenhang das Wechselspiel aus der Charakterzeichnung und der (mehr oder weniger) selbst gewählten Lebensweise der Protagonisten.

Der Lebensentwurf des Asketen Narziß wird ebenfalls beleuchtet, allerdings aus Gründen der Einschränkung weniger intensiv, zumal die Erzählung im Wesentlichen die Geschichte Goldmunds ist.

---

13 Vgl. Szondi, P.: Einführung in die literarische Hermeneutik. S. 15.

14 Vgl. Jürgen Habermas: Erkenntnis und Interesse. Frankfurt am Main: Suhrkamp Verlag 1973. S. 184.

15 Ebd. S. 186.

16 Ebd. S. 186.

17 Ebd. S. 199.

Hermann Hesse befand sich während der Schaffensphase des *Steppenwolfes* in seiner schlimmsten von mehreren Krisen. Um zu verdeutlichen, wie sehr diese Situation Ausdruck in der Erzählung fand, aber auch dort bewältigt wurde, sollen die persönlichen, aber auch die kulturell-historischen Rahmenbedingungen der Entstehung des *Steppenwolfes* gesondert betrachtet werden. Ebenfalls wird ein Blick auf die Entstehung und Rezeption von *Narziß und Goldmund* geworfen.

Da Hesse sich ständig mit seinem künstlerischen Selbstverständnis befasste und diese Auseinandersetzung mit sich selbst auch permanent dokumentierte, ja, diese Auseinandersetzung Teil seines eigenen Konfliktes war, wäre eine hermeneutische Untersuchung seiner Werke ohne Darlegung seines künstlerischen Ideals unzulänglich.

In einem engen inhaltlichen Zusammenhang zur *Steppenwolf*-Erzählung stehen die in dem Zyklus *Krisis - Ein Stück Tagebuch* (1928) aufgenommenen Gedichte, die Hesse etwa zur gleichen Zeit wie den *Steppenwolf* verfasst hat und von denen einzelne bereits vor dem *Steppenwolf* veröffentlicht worden sind. In diesen Gedichten bezeichnet sich das lyrische Ich ebenfalls als Steppenwolf, auch sind eine Reihe von Motiven und Szenen des *Steppenwolfes* hier schon enthalten, wie z. B. die Krise das alternden Mannes, die Verachtung der bürgerlichen Lebensweise oder die Erlebnisse in Nachtklubs. Aus Gründen der Kapazität können diese Gedichte im Rahmen dieser Arbeit jedoch nicht näher untersucht werden.

Einher mit dem internationalen Erfolg Hesses ging die wissenschaftliche Auseinandersetzung mit seinen Werken: Infolge eines „Hesse-Booms" in den sechziger und siebziger Jahren des 20. Jahrhunderts in den USA befassten sich insbesondere amerikanische Literaturwissenschaftler mit Hesse, während die Forschung im deutschsprachigen Raum ihr Augenmerk vornehmlich auf seine Zeitgenossen Franz Kafka, Thomas Mann und Bertolt Brecht richtete.[18] Hesses Werke wurden in Deutschland zeitweise als kitschig und epigonal bewertet. Erst nachdem unter den Jugendlichen in den USA (nicht zuletzt infolge des Vietnamkrieges) der „Hesse-Boom" um sich griff, stieg auch in Deutschland wieder das Interesse. Insbesondere *Der Steppenwolf* wurde international ein Bestseller. Die Gesamtauflage der Werke Hesses beträgt heute mehr als 120 Millionen Exemplare, davon etwa 25 Millionen im deutschsprachigen Raum, seine Bücher wurden in beinahe sechzig Sprachen übersetzt. Damit sucht er unter den deutschsprachigen Autoren des 20. Jahrhunderts seinesgleichen.

---

18 Vgl. Friedrich Voit: Hermann Hesse. Der Steppenwolf. Erläuterungen und Dokumente. Stuttgart: Reclam 2002. S. 119.

Vergleicht man den *Steppenwolf* und *Narziß und Goldmund*, so liegt der Forschungsschwerpunkt eindeutig beim *Steppenwolf*, was sich auch in dem diese Arbeit abschließenden Literaturverzeichnis widerspiegelt.

2 Hauptteil

2.1 Der Lebensentwurf des Steppenwolfes Harry Haller

> Er setzte seinen fünfzigsten Geburtstag als den Tag fest, an welchem er sich den Selbstmord erlauben wolle.[19]

2.1.1 Aufbau

Es fehlt im *Steppenwolf* an einer Einteilung in Abschnitte und Kapitel, der Text zerfällt in seinem inneren Aufbau allerdings in drei Hauptabschnitte: den Einleitungsteil, die eigentliche Handlung und das „Magische Theater". Der Einleitungsteil wiederum gliedert sich in eine Einführung, den Anfang der Handlung und den Traktat, welche alle einen einleitenden Charakter haben. Der zweite und längste Abschnitt, der die Handlung beinhaltet, erzählt die Geschichte Hallers über einen Zeitraum von etwa einem Monat in der Form eines konventionellen Romans. Der dritte, realitätsferne Abschnitt spielt in den frühen Morgenstunden nach der Schlussszene der Handlung.[20]

Die Geschichte vom Steppenwolf, „dem Ausgestoßenen, verkannten Eigenbrötler, der grimmig und klagend am Rande der Gesellschaft steht wie ein einsamer, hungernder Wolf vor den Mauern einer menschlichen Siedlung"[21], wird aus drei Perspektiven erzählt, die äußerlich voneinander getrennt sind, sich inhaltlich jedoch ergänzen.

Die erste, extradiegetische Perspektive ist die des fiktiven „Herausgebers", des Neffen der Vermieterin, welcher die „gebliebenen Aufzeichnungen" (S. 7) Harry Hallers bekannt macht.[22]

---

19 Hermann Hesse: Der Steppenwolf. Frankfurt am Main: Suhrkamp 1974. S. 65. Die folgenden Zitate im Kapitel „Der Lebensentwurf des Steppenwolfes Harry Haller" in dieser Arbeit stammen, soweit nichts anderes genannt wird, aus dieser Ausgabe.

20 Vgl. Theodore Ziolkowski: Hermann Hesses „Steppenwolf". Eine Sonate in Prosa. In: Materialien zu Hermann Hesses „Der Steppenwolf". Hrsg. von Volker Michels. 7. Auflage. Frankfurt am Main: Suhrkamp 1972. S. 354, 355.

21 Vgl. Ralph Freedman: Hermann Hesse. Autor der Krisis. Eine Biographie. Frankfurt am Main: Suhrkamp 1991. S. 364.

22 Es handelt sich hier um einen Kunstgriff, eine literarische Fiktion, wie wir sie spätestens seit Goethes *Die Leiden des jungen Werther* (1774) kennen: „Was ich von der Geschichte des armen Werther nur habe auffinden können, habe ich mit Fleiß gesammelt und lege es euch hier vor, und weiß, daß ihr mir's danken werdet."

Sie führt in Hallers Lebenssituation ein und beschreibt seine Wirkung auf den Herausgeber. Dieser kann das Selbstbild, welches Haller in seinen Aufzeichnungen von sich gibt, rückblickend weitgehend bestätigen und somit für die Authentizität der Aufzeichnungen bürgen. Auch wenn er nicht bestätigen kann, ob die dort beschriebenen Ereignisse tatsächlich stattgefunden haben, kann er die Selbstdeutung Hallers für plausibel gelten lassen, soweit er ihn kennen gelernt hat:[23]

> Es war mir nicht möglich, die Erlebnisse, von denen Hallers Manuskript erzählt, auf ihren Gehalt an Realität nachzuprüfen. Ich zweifle nicht daran, dass sie zum größten Teil Dichtung sind, nicht aber im Sinn willkürlicher Erfindung, sondern im Sinne eines Ausdrucksversuches, der tief erlebte seelische Vorgänge im Kleide sichtbarer Ereignisse darstellt. (S. 29)

Der Herausgeber distanziert sich als Vertreter des Bürgertums jedoch zugleich von der Lebensweise Hallers. Haller verstehen zu können, bedeutet nicht, seinen Lebenswandel gutzuheißen:

> Aber ich bin nicht er, und ich führe nicht seine Art von Leben, sondern das meine, ein kleines und bürgerliches, aber gesichertes und von Pflichten erfülltes. (S. 30)

Auf diese Weise wird die Leserrezeption gesteuert: durch eine Mischung aus Faszination und Distanz, die der Herausgeber einräumt und auch der Leser empfinden soll. Das Außenseiterdasein des Steppenwolfs passt so gar nicht in das wohlanständige bürgerliche Leben und ist gleichzeitig Projektion verborgener Wünsche und Neigungen des Bürgertums.[24]

Die zweite, autodiegetische Perspektive ist die Hallers. In seinen Aufzeichnungen, die den Titel „Nur für Verrückte" tragen, gibt Haller in einem expressionistischen Stil präzise seine subjektiven Erfahrungen wieder.[25] Er legt zu Beginn in wehleidigem Ton seine Weltsicht und die besondere Problematik seiner Person, seinen Konflikt, dar.

Bereits hier findet sich eine erste Parallele zum realem Leben des Autoren: So wie Harry Haller sein Leben dokumentiert hat, hat Hesse dies auch mit jedem Schritt seines Lebens getan. Man könnte sogar so weit gehen zu sagen, dass Hesse sein literarisches und poetisches Werk nur aus den Schritten, Beobachtungen und Erfahrungen der eigenen Person, der ausschließlichen Beschäftigung mit dem eigenen Wesen, den eigenen

---

23 Vgl. Helga Esselborn-Krumbiegel: Hermann Hesse. Stuttgart: Reclam 1996. S. 80.

24 Vgl. Esselborn-Krumbiegel, H.: Hermann Hesse. S. 80, 81.

25 Vgl. Bettina L. Knapp: Hermann Hesse: „Demian" und „Der Steppenwolf". Von der psychischen „Inflation" zu Entfremdung. In: Jahrbuch für Internationale Germanistik 20 (1988). Band 2. S. 93.

Trieben, Sinnen und Impulsen entwickelt habe. Hesses Biograph Hugo Ball erblickt darin „einen ungewöhnlich entwickelten Narzissmus [...], aber auch ein ebenso ungewöhnlich entwickeltes Bedürfnis, sich selbst und der Umwelt Rechenschaft abzulegen".[26] Hesses Prosa und Lyrik, aber auch seine umfangreiche Korrespondenz (siebzehntausend Briefe von ihm sind bislang bekannt, was jedoch im Verhältnis zu seinem ganzen Briefwerk nur einen Bruchteil darstellen dürfte[27]), geben Zeugnis davon.

Die dritte, metadiegetische Perspektive ist die des Traktat-Verfassers, welcher Hallers Lebensproblem von einer höheren Warte aus reflektiert. Laut Ziolkowksi werde klar, dass der Traktat „wahrscheinlich von den Unsterblichen verfasst" worden sei, „denn niemand außer ihnen könnte diese überschauende und umfassende Weltbetrachtung haben".[28] Es gibt jedoch keine Anhaltspunkte für diese spekulative Annahme, dass die im Roman immer wieder thematisierten „Unsterblichen" (wie z. B. Mozart) den Traktat verfasst haben sollten. Daher sollte man zurückhaltender von einer „umfassend informierten Instanz" ausgehen, zumal angesichts dessen, dass Haller auch den Schriftzug auf der Mauer wohl nur phantasiert hat und dass er später umfangreiche „psychedelische" Erfahrungen macht, Zweifel berechtigt sein könnten, ob Haller diesen Traktat tatsächlich erhalten hat oder sich diesen, zumindest was den Inhalt betrifft, nur einbildet. Denkbar ist, dass Haller darin unbewusst eine schonungslose Selbstanalyse betreibt, diese jedoch nicht als seine eigene bereits vorhandene Erkenntnis identifiziert. Es ist im Übrigen nirgendwo erwähnt, dass Hallers Aufzeichnungen chronologisch und zeitnah entstanden sein sollen. Möglicherweise hat er sie auch in der Rückschau verfasst und seine Lehren unter dem Einfluss von Drogenkonsum und psychedelischen Erfahrungen im Traktat selbst verarbeitet. Diese Annahme erscheint zumindest nicht spekulativer als die, dass die Unsterblichen, welche sonst im Roman nur im Traum oder Drogenrausch erscheinen, selbst zu Papier und Stift gegriffen haben.

Da dem Traktat innerhalb des Romans eine zentrale Bedeutung zukommt, soll dieser an späterer Stelle noch ausführlicher betrachtet werden.

Der Roman endet abrupt, das Ende bleibt offen. Harry kommt zwar zu der Erkenntnis, dass er durch das Erlernen von Humor, die Kunst über sich und sein Leben zu lachen, erlöst werden kann, aber es ist unklar, ob

26 Hugo Ball: Hermann Hesse. Sein Leben und sein Werk. Frankfurt am Main: Suhrkamp 1977. S. 39.

27 Vgl. Klaus Walther: Hermann Hesse. München: DTV 2002. S. 161.

28 Vgl. Ziolkowski, T.: Eine Sonate in Prosa. S. 361.

er dies auch erreichen wird. Allerdings wird an anderer Stelle erzählt, dass Haller in seinem Leben bereits mehrere Krisen bewältigen musste:

> Ach, dieser Vorgang war mir nicht neu und unbekannt, ich kannte ihn, ich hatte ihn mehrmals schon erlebt, jedes Mal in Zeiten der äußersten Verzweiflung. Jedes Mal war bei diesem schwer aufwühlenden Erlebnis mein jeweiliges Ich in Scherben zerbrochen, jedes Mal hatten Mächte der Tiefe es aufgerüttelt und zerstört, jedes Mal war dabei ein gehegtes und besonders geliebtes Stück meines Lebens mir untreu geworden und verloren gegangen. (S. 88)

Dem englischen Staatsmann und Philosophen Francis Bacon wird der Ausspruch zugeschrieben: „Es gibt Bücher, die man bloß kosten, andere, die man verschlingen, andere endlich - aber es sind ihrer nur wenige - die man sozusagen kauen und verdauen muss.“[29] Hesses *Steppenwolf* gehört sicherlich zur letztgenannten Kategorie. Dem Leser wird durch die verschiedenen, für einen Roman unüblichen Elemente und Erzählebenen, durch die bilderreiche Phantasmagorie und durch das auf den ersten Blick unbefriedigende Ende ein hohes Maß an Transferleistung und Interpretation abverlangt. Der Hesse-Biograph Ralph Freedman bezeichnet den Steppenwolf daher zu Recht als „eine einzigartige Mischung aus traditionellen Gedankenverbindungen und experimentellen Kunstgriffen, die den Leser zunächst überraschen und irritieren.“[30]

2.1.2 Der Traktat

Der *Tractat vom Steppenwolf* umfasst etwa zehn Prozent des Gesamttextes. In der in dieser Arbeit verwendeten Ausgabe unterscheidet sich der Traktat optisch durch eine Kursiv-Schrift vom Rest des Textes, in früheren Ausgaben hob er sich durch eine eigene Paginierung und Schriftart und andersfarbiges Papier vom Rest ab.

Laut Definition handelt es sich bei einem Traktat um eine Abhandlung über ein religiöses, moralisches oder wissenschaftliches Problem.[31] Hier wird also bereits über die Wahl des Mediums Objektivität suggeriert.

Der Traktat ist in einer auktorialen Erzählform und einem beinahe wissenschaftlichen Sprachstil verfasst und unterscheidet sich auch auf diese Weise deutlich vom Roman. Er analysiert und generalisiert Harry Hallers spezifisches Problem. Hallers ambivalentes Verhältnis zum Bürger-

---

29 Zit. nach: Denis Herold: Schule des Lebens. Zitate, die das Leben schrieb. Ottersberg: Asaro 2001. S. 15.

30 Freedman, R.: Hermann Hesse. S. 381.

31 Metzler-Literatur-Lexikon. Begriffe und Definitionen. Hrsg. von Günther und Irmgard Schweickle. 2. Auflage. Stuttgart: Metzler 1990. S. 471.

tum wird erläutert, seine Haltung zum Selbstmord und seine Vorstellung von sich als Steppenwolf.

Im letzten Teil des Traktates wird erklärt, wozu die Vorstellung von Mensch und Wolf dient. Mit der Chiffre des Steppenwolfes wird der als unvereinbar empfundene Widerspruch zwischen dem geistig-moralischen Potential und dem körperlich-animalischen Trieb des Menschen beschrieben.[32] Es handelt sich um ein vereinfachtes Erklärungsmodell, das der komplexeren menschlichen Psyche jedoch nicht gerecht wird. Die äußere Einheit des Menschen, sein Körper, lässt ihn an eine innere Einheit glauben:

> Harry besteht nicht aus zwei Wesen, sondern aus hundert, aus Tausenden. Sein Leben schwingt (wie jedes Menschen Leben) nicht bloß zwischen zwei Polen, etwa dem Trieb und dem Geist, oder dem Heiligen und dem Wüstling, sondern es schwingt zwischen Tausenden, zwischen unzählbaren Polpaaren. (S. 76)

Haller rettet sich in dieses Konstrukt vom Steppenwolf, der als Außenseiter im Widerstreit zum Bürgertum lebt. Der Traktat klärt darüber auf, dass der Drang des Steppenwolfes nach Unabhängigkeit und Freiheit ihn schließlich isoliert:

> Denn nun stand es so, dass Alleinsein und Unabhängigkeit nicht mehr sein Wunsch und Ziel war, sondern sein Los, seine Verurteilung, dass der Zauberwunsch getan und nicht mehr zurückzunehmen war, dass es nichts mehr half, wenn er voll Sehnsucht und guten Willens die Arme ausstreckte und zu Bindung und Gemeinsamkeit bereit war: man ließ ihn jetzt allein. (S. 61, 62)

Doch man erfährt, dass der Steppenwolf in seiner Art nicht allein ist, es gibt viele wie ihn, insbesondere unter den Künstlern:

> Und diese Menschen, deren Leben ein sehr unruhiges ist, erleben zuweilen in ihren seltenen Glücksaugenblicken so Starkes und unnennbar Schönes, der Schaum des Augenblicksglückes spritzt zuweilen so hoch und blendend über das Meer des Leides hinaus, dass dies kurze aufleuchtende Glück ausstrahlend auch andere berührt und bezaubert. So entstehen, als kostbarer flüchtiger Glücksschaum über dem Meer des Leides, all jene Kunstwerke, in welchen ein einzelner leidender Mensch sich für eine Stunde so hoch über sein eignes Schicksal erhob, dass sein Glück wie ein Stern strahlt und allen denen, die es sehen, wie etwas Ewiges und wie ihr eigener Glückstraum erscheint. (S. 59)

Hier wird aufgezeigt, dass das Leiden des Künstlers an der Unzulänglichkeit und Vergänglichkeit des Lebens in der Schaffung von dauerhaf-

32 Vgl. Sikander Singh: Hermann Hesse. Stuttgart.: Reclam 2006. S. 164, 165.

ten Kunstwerken einen Sinn erhalten und der Künstler auf diese Weise gewissermaßen „unsterblich" werden kann.

Haller ist zwar ein Schriftsteller, es ist dem Text jedoch nicht zu entnehmen, dass er ein solches Kunstwerk als „Glücksschaum über dem Meer des Leides" erschaffen hätte. Hier wird allerdings bereits auf den Roman *Narziß und Goldmund* vorgegriffen, in dem das Motiv des Kunstwerks eine zentrale Bedeutung erfährt.

Im Traktat wird eine andere Lösung des Konfliktes Hallers skizziert:

> In der Welt zu leben, als sei es nicht die Welt, das Gesetz zu achten und doch über ihm zu stehen, zu besitzen, „als besäße man nicht", zu verzichten, als sei es kein Verzicht - alle diese beliebten und oft formulierten Forderungen einer hohen Lebensweisheit ist einzig der Humor zu verwirklichen fähig. Und falls es dem Steppenwolf, dem es an Gaben und Ansätzen dazu nicht fehlt, in der schwülen Wirrnis seiner Hölle noch gelingen sollte, diesen Zaubertrank auszukochen, auszuschwitzen, dann wäre er gerettet. Noch fehlt ihm vieles dazu. (S. 72, 73)
>
> [...] um vielleicht am Ende doch noch den Sprung ins Weltall wagen zu können, müsste solch ein Steppenwolf einmal sich selbst gegenübergestellt werden, müsste tief in das Chaos seiner eigenen Seele blicken und zum vollen Bewusstsein seiner selbst kommen. Seine fragwürdige Existenz würde sich ihm alsdann in ihrer ganzen Unabänderlichkeit enthüllen, und es würde ihm fernerhin unmöglich werden, sich immer wieder aus der Hölle seiner Triebe in sentimental-philosophische Tröstungen und aus diesen wieder in den blinden Rausch seines Wolftums hinüberzuflüchten. Mensch und Wolf würden genötigt sein, einander nackt in die Augen zu sehen. Dann würden sie entweder explodieren und für immer auseinandergehen, so dass es keinen Steppenwolf mehr gäbe, oder sie würden unter dem aufgehenden Licht des **Humors** [Hervorhebung durch den Verfasser] eine Vernunftehe schließen. (S. 73)

Ferner wird dargelegt, dass Haller dies bereits weiß:

> Und dies alles ist dem Steppenwolf, auch wenn er niemals diesen Abriss seiner innern Biographie zu Gesicht bekommt, sehr wohl bekannt. Er ahnt seine Stellung im Weltgebäude, er ahnt und kennt die Unsterblichen, er ahnt und fürchtet die Möglichkeit einer Selbstbegegnung, er weiß vom Vorhandensein jenes Spiegels, in den zu blicken er so bitter nötig hätte, in den zu blicken er sich so tödlich fürchtet. (S. 74)

Das heißt, Haller kennt bereits die Lösung für seinen Konflikt, er ist nur nicht bereit oder in der Lage, diese umzusetzen. Er benötigt daher Unterstützung. Diese wird ihm im Magischen Theater gewährt werden.

2.1.3 Harry Hallers ambivalentes Verhältnis zu seiner bürgerlichen Umwelt

Hallers Verhältnis zum Bürgertum ist zwiespältig. In teilweise drastischen Worten verurteilt er zwar die bürgerliche Lebensweise:

> Es brennt alsdann in mir eine wilde Begierde nach starken Gefühlen, nach Sensationen, eine Wut auf dies abgetönte, flache, normierte und sterilisierte Leben und eine rasende Lust, irgendetwas kaputt zu schlagen [...] oder einigen Vertretern der bürgerlichen Weltordnung das Gesicht ins Genick zu drehen. Denn dies hasste, verabscheute und verfluchte ich von allem doch am innigsten: diese Zufriedenheit, diese Gesundheit, Behaglichkeit, diesen gepflegten Optimismus des Bürgers, diese fette gedeihliche Zucht des Mittelmäßigen, Normalen, Durchschnittlichen. (S. 35, 36)

Gleichzeitig ist er ihr jedoch noch emotional verbunden:

> So stieg ich denn die Treppen von meiner Mansarde hinab, diese schwer zu steigenden Treppen der Fremde, die durch und durch bürgerlichen, gebürsteten, sauberen Treppen eines hochanständigen Dreifamilienmiethauses, in dessen Dach ich meine Klause habe. Ich weiß nicht, wie das zugeht, aber ich, der heimatlose Steppenwolf und einsame Hasser der kleinbürgerlichen Welt, ich wohne immerzu in richtigen Bürgerhäusern, das ist eine alte Sentimentalität von mir. (S. 36)

> Und nun kam ich an der Araukarie vorbei [...] Zuweilen, wenn ich mich unbeobachtet weiß, benütze ich diese Stätte als Tempel, setze mich über der Araukarie auf eine Treppenstufe, ruhe ein wenig, falte die Hände und blicke andächtig hinab in diesen kleinen Garten der Ordnung, dessen rührende Haltung und einsame Lächerlichkeit mich irgendwie in der Seele ergreift. (S. 37, 38)

Niefanger spricht in diesem Zusammenhang davon, dass Hallers Identität sowohl eine ungezügelte, *dionysische* Seite als auch eine *apollinische* Seite hat, wovon letztere sich in seinem Hang zum Bürgerlichen bemerkbar macht.[33] Auch Hesse hatte sich mit den Studien Friedrich Nietzsches befasst, der die Beziehungen des Menschen zur Welt als einen zweifachen, eindeutig inneren Impuls beschrieben hat, als eine Wechselwirkung zwischen Leidenschaft und Ordnung, zwischen „Dionysischem" und „Apollinischem".[34]

---

33 Vgl. Dirk Niefanger: Harry Haller und die großen Männer. Hermann Hesses Steppenwolf im Kontext der Biografien-Mode. In: Hermann Hesse. 1877 - 1962 - 2002. Hrsg. von Cornelia Blasberg. Tübingen: Attempto 2003. S. 101.

34 Vgl. Freedman, R.: Hermann Hesse. S. 146.

Haller kann und will sich nicht in die bürgerliche Ordnung fügen und bleibt ihr dennoch verbunden. So beklagt er sich einerseits über Schweinereien in Politik und Wirtschaft (S. 34), verachtet den common sense, Demokratie und bürgerliche Bildung (S. 85), Pfarrer (S. 95), die Herrschaft des Geldes (S. 153) und Kriegstreiber in Gestalt von Generälen, Großindustriellen, Politikern und Journalisten (S. 151). Andererseits wohnt er weder in Palästen oder Proletarierhäusern, sondern in Bürgerhäusern (S. 36), hat Geld auf der Bank (S. 67) und Wertpapiere (S. 167).

In Harrys Konflikt kommt sowohl das Leiden eines sensiblen Intellektuellen an der geistig-sozialen Übergangssituation eines Lebens in der Scheinsicherheit zwischen zwei Kriegen als auch die Thematik des Ungenügens an der Welt, der Heimatlosigkeit des geistigen Menschen in der Wirklichkeit zum Tragen.[35]

> Es gibt nun Zeiten, wo eine ganze Generation so zwischen zwei Zeiten, zwischen zwei Lebensstile hineingerät, dass ihr jede Selbstverständlichkeit, jede Sitte, jede Geborgenheit und Unschuld verloren geht. Natürlich spürt das nicht ein jeder gleich stark. [...] Haller gehört zu denen, die zwischen zwei Zeiten hineingeraten, die aus aller Geborgenheit und Unschuld herausgefallen sind, zu denen, deren Schicksal es ist, alle Fragwürdigkeit des Menschenlebens gesteigert als persönliche Qual und Hölle zu erleben. (S. 31, 32)

Trotz dieser unüberbrückbaren Ferne begibt Harry sich immer wieder in den Dunstkreis der bürgerlichen Welt. Zwar hasst er diese, er braucht sie jedoch gleichzeitig, um sich in seiner Ablehnung immer wieder seine eigene Fremdheit zu bestätigen. Einsam sein ist für ihn die unabdingbare Voraussetzung seiner Selbstverwirklichung.[36]

Doch umgekehrt braucht auch das Bürgertum Individuen wie den Steppenwolf:

> In der Tat beruht die vitale Kraft des Bürgertums keineswegs auf den Eigenschaften seiner normalen Mitglieder, sondern auf denen der außerordentlich zahlreichen outsiders, die es infolge der Verschwommenheit und Dehnbarkeit seiner Ideale mit zu umschließen vermag. Es lebt im Bürgertum stets eine große Menge von starken und wilden Naturen mit. Unser Steppenwolf ist ein charakteristisches Beispiel. (S. 70)

Der Steppenwolf verkörpert für Harry all jene Eigenschaften, die ihn von der bürgerlichen Welt trennen (seine Wildheit und Heimatlosigkeit, sein Einsamkeitsbedürfnis und seine Fremdheit in der anspruchslosen mo-

---

35 Vgl. Esselborn-Krumbiegel, H.: Hermann Hesse. S. 38.

36 Vgl. Esselborn-Krumbiegel, H.: Hermann Hesse. S. 83.

dernen Zivilisation), gleichzeitig die unterdrückten Triebe und Neigungen des Künstlers und Intellektuellen. Er ist sich dieser Zerrissenheit zwar überdeutlich bewusst, jedoch kann er sein Leben nicht ohne Hilfe von Außen ändern.[37]

Hilfe erfährt er aus der Bekanntschaft mit der leichtlebigen Halbwelt der Stadt, in der er lebt, und aus gewissermaßen psychoanalytischen Gesprächen mit Hermine (ihr Name ist die weibliche Variante von Hesses Vornamen). Er erkennt nach und nach das, was er unbewusst schon weiß, nämlich dass sein Ziel das Erlernen von Humor ist, das Erlernen der Fähigkeit, sich und die Welt komisch statt tragisch zu sehen. Experten in dieser Kunst sind die von ihm bewunderten Kulturschöpfer, allen voran Goethe und Mozart.[38]

Auch Hesse war in der Gesellschaft, in der er lebte, ein Fremder. Zwar fühlte er sich zur bürgerlichen Welt aufgrund ihres Fleißes, ihrer Ordnungsliebe, ihrer Sauberkeit und Anständigkeit hingezogen, aber gleichzeitig aufgrund ihrer kulturellen Mittelmäßigkeit, ihrer intellektuellen Stumpfheit und blutleeren Normalität von ihr abgestoßen.[39] Bezeichnend ist in diesem Zusammenhang, dass Hesse, obwohl seine ersten beiden Ehen scheiterten, noch ein drittes Mal heiratete, er also anscheinend das Bedürfnis hatte, seinem Privatleben eine bürgerlich-formale Struktur zu geben.

In Hallers Krise scheint ihm bloß ein Bezirk Gültigkeit zu haben, der Bereich zeitloser, geistiger Leistung, in dem die Heroen des Schöpferischen wohnen, die er als „die Unsterblichen" bezeichnet. Zwei von ihnen treten in persönliche Berührung mit Haller, um ihm verstehen zu helfen, wie er sein Leben sinnvoller gestalten und diesem mit Humor begegnen kann. Mozart erscheint ihm am Ende der magischen Periode in einer rauschhaften Vision und Goethe zu ihrem Beginn.[40] In seinem larmoyanten Weltschmerz wähnt sich Haller allein von diesen Unsterblichen verstanden:

> Sie haben, Herr von Goethe, gleich allen großen Geistern die Fragwürdigkeit, die Hoffnungslosigkeit des Menschenlebens deutlich erkannt und gefühlt: die Herrlichkeit des Augenblicks und sein elendes Verwelken, die Unmöglichkeit, eine schöne Höhe des Gefühls anders zu bezahlen als durch die Kerkerhaft des

---

37 Ebd. S. 82 ff.

38 Vgl. Egon Schwarz: Hermann Hesse: Der Steppenwolf. In: Interpretationen: Romane des 20. Jahrhunderts. Stuttgart: Reclam 1993. S. 150.

39 Vgl. Joseph Mileck: Hermann Hesse. Dichter. Sucher. Bekenner – Biographie. Frankfurt am Main: Suhrkamp 1987. S. 192.

40 Vgl. Schwarz, E.: Hermann Hesse: Der Steppenwolf. S. 141.

> Alltags, die brennende Sehnsucht nach dem Reich des Geistes, die mit der ebenso brennenden und ebenso heiligen Liebe zur verlornen Unschuld der Natur in ewigem tödlichem Kampfe liegt, dies ganze furchtbare Schweben im Leeren und Ungewissen, dies Verurteiltsein zum Vergänglichen, niemals Vollgültigen, ewig Versuchhaften und Dilettantischen – kurz, die ganze Aussichtslosigkeit, Verstiegenheit und brennende Verzweiflung des Menschseins. (S. 124)

Der Steppenwolf verkörpert das Genie im Sinne Nietzsches, welches sich als differenziertes Einzelnes von den Herdentieren abhebt.[41] Dieser Gegensatz einer niederen und einer höheren Spezies wird im Traktat aufgegriffen:

> Er fühlte sich durchaus als Einzelnen, als Sonderling bald und krankhaften Einsiedler, bald auch als übernormal, als ein geniemäßig veranlagtes, über die kleinen Normen des Durchschnittslebens erhabenes Individuum. (S. 66, 67)

Weiter heißt es in einem überlegenen Tonfall:

> Es ist hier nicht die Rede vom Menschen, den die Schule, die Nationalökonomie, die Statistik kennt, nicht vom Menschen, wie er zu Millionen auf den Straßen herumläuft und von dem nichts andres zu halten ist als vom Sand am Meer oder von den Spritzern einer Brandung: es kommt auf ein paar Millionen mehr oder weniger nicht an, sie sind Material, sonst nichts. Nein, wir sprechen hier vom Menschen im hohen Sinn, vom Ziel des langen Weges der Menschwerdung, vom königlichen Menschen, von den Unsterblichen. (S. 84)

Der Bezug zu Nietzsche wird auch ausdrücklich hergestellt: „Eine Natur wie Nietzsche hat das heutige Elend um mehr als eine Generation voraus erleiden müssen – was er einsam und unverstanden auszukosten hatte, das erleiden heute Tausende." (S. 32). Der Steppenwolf ist ein wurzelloser Literat, ohne Vaterland und Herdenideale, der zu den „Unsterblichen" aufblickt.[42]

Auch Schwarz weist darauf hin, dass der Philosoph, der Hesse am meisten beeinflusst hat, Nietzsche war: „Ohne Nietzsches Kulturpessimismus, Nietzsches Entlarvungspsychologie, Nietzsches Gesellschaftskritik ist Hesse nicht denkbar. Daher lässt sich dieses Denken gar nicht von der Substanz des Werkes loslösen."[43] Einer der wesentlichen Gedankenkom-

---

41 Vgl. Anni Carlsson: Zur Geschichte des Steppenwolfsymbols. In: Materialien zu Hermann Hesses „Der Steppenwolf". Hrsg. von Volker Michels. 7. Auflage. Frankfurt am Main: Suhrkamp 1981. S. 378.

42 Ebd. S. 380.

43 Schwarz, E.: Hermann Hesse: Der Steppenwolf. S. 137.

plexe Nietzsches, die sich im *Steppenwolf* finden lassen, ist die „Philosophie eines über aller Erdenmisere schwebenden Humors, der den Menschen befähigt, seine Leiden leicht zu nehmen und über seine eigene Verzweiflung zu lachen."[44]

Harry Hallers endgültige Entfremdung von der bürgerlichen Welt wird durch ein kommerziell verflachtes Porträt Goethes („Dieser süße spießige Salongoethe"[45]) im Haus eines Professors ausgelöst. Goethe war bereits zuvor als Hallers Lieblingsautor genannt worden. Es kommt zum Eklat, und Harry beendet die Einladung im Hause des Professors vorzeitig.[46]

Haller ist sich der Bedeutung dieses Abends anschließend durchaus bewusst:

> Denn, das war mir sofort klar, diese unerquickliche Abendstunde hatte für mich viel mehr Bedeutung als für den indignierten Professor; für ihn war sie eine Enttäuschung und ein kleines Ärgernis, für mich aber war sie ein letztes Misslingen und Davonlaufen, war mein Abschied von der bürgerlichen, der moralischen, der gelehrten Welt, war ein vollkommener Sieg des Steppenwolfes. [...] Und so würde ich denn heut Nacht der Komödie ein Ende machen. Geh heim, Harry, und schneide dir die Kehle durch! Lang genug hast du damit gewartet. (S. 109)

2.1.4 Der Suizid als Ausweg

Der Suizid ist feste Größe in der Gedankenwelt Hallers, er sieht diesen als legitime Perspektive an, als Ausweg aus seinem qualvollen Dasein:

> [...] einer von diesen Tagen [...] an welchen selbst die Frage, ob es nicht an der Zeit sei, dem Beispiele Adalbert Stifters zu folgen

---

44 Ebd. S. 137, 138.

45 *Steppenwolf.* S. 107. Freedman weist in seiner Biographie (S. 89) auf die besondere Bedeutung von Goethes *Wilhelm Meister* für den jungen Buchhändlerlehrling Hermann Hesse hin, der sich als Autodidakt diesen Roman zum Vorbild nahm.

46 Vgl. Schwarz, E.: Hermann Hesse: Der Steppenwolf. S. 140. Im Folgenden weist Schwarz auf interessante Parallelitäten im *Steppenwolf* zu Goethes Werken *Faust* und *Wilhelm Meister* hin. So beruhe die erbitterte Feindschaft zwischen der Bestie und dem Menschen auf Goethes „Zwei Seelen wohnen, ach, in meiner Brust", und Schwarz geht sogar so weit, den *Steppenwolf* als Hesses *Faust* zu bezeichnen. Im Traktat (Steppenwolf. S. 79) wird auch auf Faust rekurriert. Und wie im *Wilhelm Meister* wirke auch im *Steppenwolf* eine mysteriöse Gemeinde von Personen, die ein wachsames Auge auf den im Dunkeln tappenden Helden habe. Der Turmgesellschaft falle im *Wilhelm Meister* eine ähnliche Funktion zu wie im *Steppenwolf* dem Magischen Theater.

und beim Rasieren zu verunglücken, ohne Aufregung oder Angstgefühle sachlich und ruhig erwogen wird. (S. 33, 34)

> Ich besaß in meiner Reiseapotheke ein vorzügliches Mittel, um Schmerzen zu stillen, ein besonders starkes Opiumpräparat, dessen Genuss ich mir nur selten gönnte und oft monatelang vorenthielt; ich nahm dies schwer betäubende Mittel nur dann, wenn körperliche Schmerzen mich bis zur Unerträglichkeit plagten. Zum Selbstmord war es leider nicht geeignet, ich hatte dies vor mehren Jahren einmal ausprobiert. (S. 92)

Da ihm das Weiterleben unerträglich erscheint, hat Haller, so ist dem Traktat zu entnehmen, mit sich das Abkommen getroffen, dass er sich an seinem 50. Geburtstag umbringen dürfe, falls er es dann noch wolle:

> Schließlich kam er, im Alter von etwa siebenundvierzig Jahren, auf einen glücklichen und nicht humorlosen Einfall, der ihm oft Freude machte. Er setzte seinen fünfzigsten Geburtstag als den Tag fest, an welchem er sich den Selbstmord erlauben wolle. An diesem Tag, so vereinbarte er mit sich selber, sollte es ihm freistehen, den Notausgang zu benützen oder nicht, je nach Laune des Tages. (S. 65)

Ein Brief von Hesse an seinen Biographen Hugo Ball aus dem Frühjahr 1925 offenbart einen dem Vorhaben Harry Hallers ganz ähnlichen Entschluss. Hesse, von schlimmen Gliederschmerzen und Depressionen gequält und an einem Tiefpunkt angelangt, hatte auch ein Abkommen mit sich selbst getroffen, demzufolge er „das Recht haben" sollte, sich an seinem 50. Geburtstag, also zwei Jahre später, aufzuhängen. Vom Augenblick dieser Entscheidung an wäre ihm alles weniger schwer erschienen.[47] Auch Haller fühlt sich von dieser Entscheidung erleichtert.

An anderer Stelle teilt Haller mit, dass es auch durchaus zu Situationen kommen könnte, die dazu führen, dass er nicht mehr bis zu diesem Geburtstag wartet:

> Dies Mittel [Opium] kam also nicht in Betracht. Aber ich gab meinem Entschluss nun diese Form: sobald es mit mir wieder dahin kommen würde, dass ich zu jenem Opiat greifen musste, sollte es mir erlaubt sein, statt dieser kurzen Lösung die große zu schlürfen, den Tod, und zwar einen sichern, zuverlässigen Tod, mit der Kugel oder dem Rasiermesser. Damit war die Lage geklärt – bis zu meinem fünfzigsten Geburtstage zu warten, nach dem witzigen Rezept des Steppenwolfbüchleins, das schien mir doch allzu lange, es waren noch zwei Jahre bis dahin. Sei es in einem Jahr oder in einem Monat, sei es morgen schon – die Pforte stand offen. (S. 93)

---

47 Vgl. Freedman, R.: Hermann Hesse. S. 373, 374.

Pfeifer identifiziert im Traktat drei Betrachtungsweisen, in der sich die Selbstmörder darstellen: eine psychologische, eine metaphysische und eine philosophische.

Psychologisch betrachtet seien Selbstmörder, so der Traktat, sehr sensibel und empfindlich und würden bei der kleinsten Erschütterung dazu neigen, sich intensiv der Vorstellung des Selbstmordes hinzugeben.

Aus metaphysischer Perspektive seien sie „die vom Schuldgefühl der Individuation Betroffenen, [...] jene Seelen, welchen nicht mehr die Vollendung und Ausgestaltung ihrer selbst als Lebensziel erscheint, sondern die Auflösung, zurück zur Mutter, zurück zu Gott, zurück ins All" (S. 64). Meistens seien sie jedoch tatsächlich zum Selbstmord gar nicht in der Lage, „weil sie dessen Sünde tief erkannt haben" (S. 64).

Die philosophische Betrachtungsweise (im Sinne einer gewitzten Lebensklugheit) resultiere aus der Überlegung, dass der Weg in den Tod eigentlich jederzeit offen stehe und sich mit diesem Bewusstsein manches Ungemach leichter ertragen ließe.[48]

Diese Darstellung dreier Betrachtungsweisen im Traktat zeigen, dass Haller seine Selbstmordtendenzen (wie seine ganze Krise und Lebenssituation) moralisch überhöht und er für sich sozusagen einen ganzen Rechtfertigungsapparat entworfen hat. Diese Passagen aus dem Traktat zeigen darüber hinaus Hesses Anliegen, seine subjektiven Gefühle in einem literarischen Rahmen als objektive Ideen zu vermitteln. Er hätte sie schließlich auch Haller selbst in seinen Aufzeichnungen zuschreiben können.[49]

2.1.5 Aussicht auf Heilung

Meyer bezeichnet den Weg Hallers ins Magische Theater als „Erlebnis-Eskalation", den Hesse präzise beschrieben habe, bis „Verzweiflung an der realen Misere den Übergang ins Magische Theater zu erzwingen scheint. Geopfert werden muss die Alltagspersönlichkeit, die steppenwölfische wie die humanistische Charaktermaske."[50]

Hallers Weg beginnt mit der lebensverändernden Begegnung mit Hermine. Bereits am Ende des ersten Tages der Haupthandlung, nach dem Vorfall beim Professor, will Haller nicht länger warten, sondern sich

---

48 Vgl. Martin Pfeifer: Hermann Hesse. Siddharta. Der Steppenwolf. Zum Verständnis seiner Prosa. Erläuterungen – Didaktisch-methodische Hinweise. 4. Auflage. Hollfeld: Beyer 1994. S. 91, 92.

49 Vgl. Freedman, R.: Hermann Hesse. S. 374, 375.

50 Hans Meyer: Hermann Hesse und das Magische Theater. Ein Vortrag. In: Jahrbuch der deutschen Schillergesellschaft 21 (1977). S. 525.

noch in derselben Nacht zu Hause das Leben nehmen. Doch als es soweit sein soll, erfüllt Haller die „Todesfurcht", die „Angst aller Ängste" (S. 110). Zufälligerweise lernt er die Prostituierte Hermine kennen, die ihn davon abbringen kann und in deren Verständnis Haller etwas Außergewöhnliches sieht. Zutreffend stellt Ziolkowski fest, dass Hermine zunächst genau das sagt, „was man von einer Prostituierten, die langjährige Erfahrung im Umgang mit Betrunkenen und im Bemuttern von Selbstmördern hat, erwarten würde".[51] Hermine wird, auch wenn sie als Prostituierte dargestellt wird, jedoch niemals entwürdigt, sondern sie tritt im Gegenteil als Mentorin auf, als eine königliche Figur und (See len-) Führerin.[52]

Aufgrund seiner besonderen psychischen Disposition schreibt Haller ihren gelegentlichen Worten bereits jetzt eine höhere Bedeutung zu.

Haller ist ein folgsamer Schüler Hermines, die wiederum ihre Aufgabe versteht. Der Intellektuelle wird mit einer ihm bisher nicht vertrauten Möglichkeit des Daseins konfrontiert und greift diese dankbar und auch ein wenig naiv auf.[53] Harrys Begegnung mit Hermine stellt seine bisherige Existenz radikal in Frage. Zwischen beiden scheint eine innere Verwandtschaft zu bestehen:

> Darum haben wir einander angezogen, darum sind wir Geschwister. Ich werde dich lehren, zu tanzen und zu spielen und zu lächeln, und doch nicht zufrieden zu sein. Und ich werde von dir lernen, zu denken und zu wissen, und doch nicht zufrieden zu sein. Weißt du, dass wir beide Kinder des Teufels sind? (S. 163)

Zunächst lehrt Hermine Haller das Tanzen, durch den Tanz kann er seine Gefühle des Distanziertseins, der Einsamkeit und des Hochmuts überwinden.[54] Noch zuvor hatte sich Haller vom Tanzen bedroht gefühlt.

Einen weiteren Schritt im Heilungsprozess Hallers stellt sein Erlernen der Fähigkeit dar, sich dem Sinnlichen frei hinzugeben. Dies lernt er von Hermine, der Prostituierten Maria, aber auch vom Musiker und Drogenhändler Pablo.

Haller unterhält eine erotische Beziehung zu Maria, die Hermine ihm vermittelt hat. Maria weckt in ihrem Namen Assoziationen zur heiligen Jungfrau, welche unbefleckt empfangen hat, und verkörpert somit geis-

---

51 Vgl. Ziolkowski, T.: Eine Sonate in Prosa. S. 364.

52 Vgl. Knapp, B.: Von der psychischen „Inflation" zur Entfremdung. S. 99.

53 Vgl. Franz H. Lequen: Hermann Hesse. Der Steppenwolf. Siddhartha. Zum Verständnis seiner Prosa. Hollfeld: Beyer 1977. S. 44.

54 Vgl. Knapp, B.: Von der psychischen „Inflation" zur Entfremdung. S. 100.

tige Werte des Christentums. Gleichzeitig ist sie jedoch Prostituierte. Der tiefere Sinn dieses scheinbaren Widerspruchs liegt darin, dass die geistige und die körperliche Welt gleichwertig sind und erst zusammen eine Einheit bilden.[55]

In der ersten Liebesnacht mit ihr erinnert sich Haller daran, dass es bislang auch viel Schönes in seinem Leben gegeben hat:

> Und so stiegen viele Bilder meines Lebens in dieser schönen, zärtlichen Nacht vor mir auf, der ich so lange leer und arm und bilderlos gelebt hatte. Jetzt, vom Eros zauberhaft erschlossen, sprang die Quelle der Bilder tief und reich, und für Augenblicke stand das Herz mir still vor Entzücken und vor Trauer darüber, wie reich der Bildersaal meines Lebens, wie voll hoher ewiger Sterne und Sternbilder die Seele des armen Steppenwolfes gewesen sei. [...] Diese Bilder - es waren Hunderte, mit und ohne Namen - waren alle wieder da, stiegen jung und neu aus dem Brunnen dieser Liebensnacht, und ich wusste wieder, was ich lang im Elend vergessen hatte, dass sie der Besitz und Wert meines Lebens waren und unzerstörbar fortbestanden, sterngewordene Erlebnisse, die ich vergessen und doch nicht vernichten konnte, deren Reihe die Sage meines Lebens, deren Sternglanz der unzerstörbare Wert meines Daseins war. (S. 181, 182)

Haller ahnt schließlich, dass er nur die „zerstreute Bilderwelt" zusammenraffen müsse und sein eigenes Leben „als Ganzes zum Bilde" erheben müssen, „um selber in die Welt der Bilder einzugehen und unsterblich zu sein" (S. 183).

Etwa vier Wochen lang gibt sich Haller diesen Sinnesfreuden hin. Er räumt gegenüber Maria ein, dass er glücklich ist, doch er hält sich für nicht geschaffen für dieses Glücklichsein, vielmehr sei das Leiden an der unvollkommenen Welt seine Bestimmung.

Es bedarf der weiteren Hilfe Hermines. Am Vortag des Maskenballs vermittelt Hermine dem Steppenwolf wichtige Erkenntnisse über sich selbst:

> Du bist für diese einfache, bequeme, mit so wenigem zufriedene Welt von heute viel zu anspruchsvoll und hungrig, sie speit dich aus, du hast für sie eine Dimension zuviel. Wer heute leben und seines Lebens froh werden will, der darf kein Mensch sein wie du und ich. Wer statt Gedudel Musik, statt Vergnügen Freude, statt Geld Seele, statt Betrieb echte Arbeit, statt Spielerei echte Leidenschaft verlangt, für den ist diese hübsche Welt hier keine Heimat... (S. 194)

---

55 Ebd.

> Du hattest ein Bild vom Leben in dir, einen Glauben, eine Forderung, du warst zu Taten, Leiden und Opfern bereit - und dann merktest du allmählich, dass die Welt gar keine Taten und Opfer und dergleichen von dir verlangt, dass das Leben keine heroische Dichtung ist, mit Heldenrollen und dergleichen, sondern eine bürgerliche gute Stube, wo man mit Essen und Trinken, Kaffee und Strickstrumpf, Tarockspiel und Radiomusik vollkommen zufrieden ist. Und wer das andere will und in sich hat, das Heldenhafte und Schöne, die Verehrung der großen Dichter oder die Verehrung der Heiligen, der ist ein Narr und Ritter Don Quichotte. (S. 193)

Durch Hermine lernt Harry nach und nach, sein eigenes Schicksal anzunehmen. Hermine bewirkt Hallers Besuch des Maskenballs und Pablos Magischen Theaters. Allerdings verdichten sich, je näher der Abend des Maskenballs rückt, Vorzeichen, die auf Abschied und Tod hinweisen.[56] Der Weg seiner Selbstbegegnung im Magischen Theater beginnt schließlich mit einem Blick in Hermines Augen: „Vor ihrem Blick, aus dem meine eigene Seele mich anzuschauen schien, sank alle Wirklichkeit zusammen [...]. Verzaubert blickten wir einander an, blickte meine arme kleine Seele mich an" (S. 221).

Den wesentlichen Schritt zur Konfliktlösung stellt schließlich der Maskenball mit dem anschließenden Besuch des Magischen Theaters dar. Haller erfährt die Maskenballnacht als eine mitreißende Vereinigung vieler zu einem einzigen rhythmischen Ganzen:

> [...] das Erlebnis des Festes, der Rausch der Festgemeinschaft, das Geheimnis vom Untergang der Person in der Menge, von der Unio mystica der Freude. Oft hatte ich davon sprechen hören [...] Aber heute, in dieser gesegneten Nacht, strahlte ich selbst, der Steppenwolf Harry, dies Lächeln, schwamm ich selbst in diesem tiefen, kindhaften, märchenhaften Glück, atmete ich selbst diesen süßen Traum und Rausch aus Gemeinschaft, Musik, Rhythmus, Wein und Geschlechtslust [...] Ich war nicht mehr ich, meine Persönlichkeit war aufgelöst im Festrausch wie Salz im Wasser. (S. 217)

Die biographischen Parallelen zu Hermann Hesse sind, was den Besuch eines Maskenballs betrifft, augenscheinlich. Von Hesse ist bekannt, dass er im etwa gleichen Alter wie Haller Tanzstunden genommen und die Tänzerei als eine herrliche Möglichkeit zur Selbstbetäubung erfahren hat. „Ich war ein richtiger Foxtrottel", schrieb Hesse an seinen Biographen und Freund Hugo Ball, „dass ich mich dreißig Jahre mit den Problemen

---

56 Vgl. Esselborn-Krumbiegel, H.: Hermann Hesse. S. 87, 88.

der Menschheit abgemüht habe, ohne zu wissen, was ein Maskenball ist".[57]

Im Bild des Maskenballs vollzieht Hesse die künstlerische Transformation von Leben in Kunst. Hesses neuer Hang zu Ausschweifungen in die verlockend sinnliche Welt und seine Angst, am Ende doch nicht mithalten zu können und vernachlässigt zu werden, äußert sich in Hallers Hin und Her zwischen Lebenslust, Humor und Transzendenz einerseits und Isolation, Enttäuschung und Verzweiflung andererseits.[58]

Man würde, wenn man diesen Ausdruck verwenden möchte, heutzutage von einer „Midlifecrisis" sprechen. Hesse war ein gebildeter und frustrierter bürgerlicher Schriftsteller mittleren Alters, der in einem Züricher Nachtlokal auszuleben versuchte, was ihm an Sinnlichkeit noch möglich war:[59]

> Das Schönste von allem war der Karneval. Noch tagelang fielen mir je und je verspätete Konfetti aus den Ärmeln, und über meinem Schreibtisch, der meistens von friedlichem Staub bedeckt ist, hängen und stecken an der Wand Fotografien von Frauen in eleganten oder phantastischen Ballkostümen. Es ist eine unglaublich schöne Frau darunter, ihretwegen hat es sich gelohnt, dass ich schnell noch vor dem Altwerden den Foxtrott und den Boston gelernt habe. [...] Man tut alles im Leben, oder das meiste, der Frauen wegen. Habe ich den größten Teil meines Lebens hindurch mich angestrengt und mir Systeme ersonnen, um mich gegen die Frauen zu wehren, so tue ich jetzt zur Abwechslung das Gegenteil. Habe ich mich während meiner Jugendjahre um Weisheit bemüht, so gebe ich mir jetzt Mühe, auch einmal ein Kindskopf zu sein.[60]

Dabei ist sich Hesse einer gewissen Peinlichkeit seines Verhaltens durchaus bewusst:

> Ich sehe mir dabei zu, wie der weise Autor des „Siddhartha" den Foxtrott schreitet und seine Weibchen an sich drückt. Aber es

---

57 Birgit Lahann: Hermann Hesse. Dichter für die Jugend der Welt. Frankfurt am Main: Suhrkamp 2002. S. 109.

58 Vgl. Freedman, R.: Hermann Hesse. S. 380.

59 Ebd. S. 366.

60 Aus Hermann Hesse: *Verbummelter Tag* (1926). Zit. nach: Hesse. Sein Leben in Bilder und Texten. Hrsg. von Volker Michels. Frankfurt am Main: Insel Verlag 1987. S. 221.

> geht jeder Fortschritt den Weg übers Irrationale, Dumme und Verrückte oder Kindische, ich bin ganz damit einverstanden.[61]

Gleichzeitig akzeptiert er es als eine Art von Phase, die er zu durchschreiten hat:

> Je älter man wird und je weniger Grund man eigentlich hätte, noch am Leben zu hängen, desto dümmer und ängstlicher fürchtet man sich vor dem Tod. Und desto gieriger und kindischer stürzt man sich auf die letzten Brocken des Mahles, auf die paar letzten Freuden. Und immer hofft man wieder, immer findet man Gründe zum Hoffen. Heute, während der fatale Lebenshunger des Fünfzigjährigen mir zu schaffen macht, hoffe ich auf die Zeit nachher, auf die Stille und Abgeklärtheit jenes Alters, das jenseits der kritischen Jahre liegt.[62]

Der Ball bereitet Haller auf den Besuch des Magischen Theaters vor. Das Theater, ein Bildersaal seiner Psyche, war ihm im Traktat und in der flüchtigen Mauerinschrift[63] bereits angekündigt worden. Schwarz ist in seiner Bewertung zu folgen:

> Die Stätte der Heilung ist das Magische Theater, die Bühne Harry Hallers eigene Seele. Die Schauspieler sind personifizierte Abspaltungen seiner Psyche, das Spiel ein mit Hilfe der Jungschen Psychoanalyse inszeniertes Lehrstück, der Zweck die Reintegration einer gestörten Persönlichkeit.[64]

Im Magischen Theater verschwimmen die Grenzen zwischen Realität und Irrealität. Zeit hat keine Bedeutung mehr, im Saal „Alle Mädchen sind dein" kann Haller zum Beispiel allen Mädchen und Frauen sinnlich begegnen, die er in seinem Leben je geliebt oder begehrt hat. Hermine und Pablo, die ihn ins Magische Theater einführen, vermitteln ihm die

---

61 Aus einem Brief vom 10. Februar 1926 von Hesse an Anny Bodmer. Zit. nach: Hesse. Sein Leben in Bilder und Texten. Hrsg. von Volker Michels. Frankfurt am Main: Insel Verlag 1987. S. 221.

62 Aus Hermann Hesse: *März in der Stadt* (1927). Zit. nach: Hesse. Sein Leben in Bilder und Texten. Hrsg. von Volker Michels. Frankfurt am Main: Insel Verlag 1987. S. 221.

63 Schwarz hat die bemerkenswerte Beobachtung gemacht, dass das zuvor von Harry nicht bemerkte Tor zum Magischen Theater, das Harry zu der Zeit noch nicht benutzen kann, plötzlich an einer Mauer erscheint, die eine Kirche und ein Hospital verbindet. Es handele sich laut Schwarz dabei um „zwei abgewirtschaftete Institutionen einer Kultur, die mit ihrer Zerstückelung des Individuums in separat zu behandelnde Segmente, Geist und Leib, jene Verrücktheit, manchmal auch Neurose oder Schizophrenie genannt, erst erzeugt hat, die Vorbedingung für den Eintritt ist". Siehe Schwarz, E.: Hermann Hesse: Der Steppenwolf. S. 146, 147.

64 Schwarz, E.: Hermann Hesse: Der Steppenwolf. S. 146.

unbeschwerte Erfahrung des Augenblicks und die Begegnung mit den vielgestaltigen Möglichkeiten des eigenen Lebens. Harry erfährt, vorbereitet durch den Genuss von Rauschmitteln, die Auflösung seiner Persönlichkeit und die Befreiung vom Zwang der Individuation.[65] Diese assoziativ verknüpften Bilderfolgen führen ihm die Vielschichtigkeit seiner Persönlichkeit vor Augen, die er bislang mit der schematischen Dichotomie Wolf-Mensch neurotisch unterdrückt hatte.

Ein wesentliches, immer wiederkehrendes Symbol in der Handlung ist der Spiegel. Der Spiegel ist mit Bezug auf die abbildende und reflektierende Funktion des Denkens Symbol der Erkenntnis, Selbsterkenntnis, des Bewusstseins sowie der Wahrheit und der Klarheit.[66]

Der Einsatz dieses Symbols beginnt zu Beginn des Romans mit Lichterspiegelungen auf nassen Asphaltstraßen. Der Eintritt ins Magische Theater geschieht über einen Taschenspiegel, in welchem sich Haller auslacht, und über einen großen Wandspiegel, der auseinander fällt und in seinen einzelnen Bruchstücken unzählige Harry-Figuren enthält, die Teile seiner Persönlichkeit darstellen. Sogar die einzelnen Charaktere sind komplexe gegenseitige Spiegel, in denen einer den anderen erkennt.[67] So fungiert Hermine selbst als ein Spiegel, der Haller zur Selbsterkenntnis verhilft: „Begreifst du das nicht, du gelehrter Herr: dass ich dir darum gefalle und für dich wichtig bin, weil in mir innen etwas ist, was dir Antwort gibt und dich versteht?" (S. 140). Auch der Traktat kann als ein Spiegel verstanden werden. Dort wird in überheblichen, teilweise satirischen Tönen ein genaues Abbild von Hallers Charakter gezeichnet. Diese geheimnisvolle Instanz vergleicht Hallers ideales Selbst und Wunschbild mit dem realen Haller, der er tatsächlich war.[68] Beim Eintritt in das Magische Theater blickt Harry in Pablos Spiegel, der aus „lauter Harrys" (S. 229) besteht, von denen jeder eine Facette der Persönlichkeit Hallers darstellt.

Hinter den einzelnen Türen des Magischen Theaters wird Haller mit verborgenen und geleugneten Impulsen seiner tatsächlich komplexen und nicht nur zwiespältigen Persönlichkeit konfrontiert. In der Szene „Auf zum fröhlichen Jagen! Hochjagd auf Automobile" erlebt der Kriegsgegner und Technikskeptiker Haller einen Kampf zwischen Menschen und Maschinen, an dem er begeistert teilnimmt. Daraufhin erkennt er in der Szene „Anleitung zum Aufbau der Persönlichkeit" im Schachspiel seines Lebens die ungeahnten Möglichkeiten des Lebens,

---

65 Vgl. Esselborn-Krumbiegel, H.: Hermann Hesse. S. 88.

66 Nach Udo Becker: Lexikon der Symbole. Köln: Komet 1992. S. 282.

67 Vgl. Freedman, R.: Hermann Hesse. S. 371.

68 Ebd. S. 371, 372.

welche jedoch nur demjenigen offen stehen, der zu Veränderung und Neuanfang bereit ist. In der Szene „Wunder der Steppenwolfdressur" beobachtet er, wie ein Dompteur einen Wolf dressiert und dieser umgekehrt seinen Tierbändiger abrichtet.

Schließlich will Harry nach all diesen aufwühlenden Erlebnissen in der Wirklichkeit die körperliche Vereinigung mit Hermine suchen („[...] denn ihr wollte ich nicht hier in der Dämmerung eines Zauberspiegels begegnen [...]" S. 260), die ihm Hermine von Anfang an in Aussicht gestellt hatte. Eine Tür mit der Aufschrift „Wie man durch Liebe tötet" erinnert Harry jedoch an Hermines zu Beginn ihrer Freundschaft geäußerten Wunsch, durch seine Hand zu sterben. Er ängstigt sich, zumal er plötzlich ein Messer in seiner Tasche findet. Als sein eigenes Spiegelbild ihm sagt, es warte auf den Tod, wird nicht klar, wessen Tod gemeint ist. Haller macht eine verwirrende Begegnung mit Mozart und zerschlägt daraufhin, nach einer Rückschau seines Lebens sein Spiegelbild. Schließlich geht er durch die letzte Tür des Magischen Theaters. Dort sieht er Pablo und Hermine gemeinsam erschöpft vom Liebesspiel liegen. Ohne zu zögern tötet er Hermine (die zu diesem Zeitpunkt jedoch auch nur imaginär ist) und besudelt die „hübsche Bilderwelt" des Theaters mit „Wirklichkeitsflecken" (S. 278), er trägt „in diese Bilderwelt Reste bürgerlicher Realität" hinein.[69]

Die Grenze zwischen Innenwelt und Außenwelt wird aufgehoben und Harry wieder aus dem Theater entlassen, indem Pablo Hermine zu einer Spielfigur wie diejenigen aus Harrys Lebensschachspiel schrumpfen lässt und sie in seine Westentasche steckt.[70]

Durch die Ermordung Hermines zeigt Haller, dass er seine Lektion immer noch nicht gelernt bzw. verstanden hat. Er ist, wie Mozart kritisiert, „zu allem in der Welt bereit, nur nicht zu dem", was von ihm verlangt wird. Er ist bereit, „Mädchen totzustechen" und für alles zu haben, „was pathetisch und witzlos ist" (S. 276). Dabei hatte Hermine ihn bereits viel früher belehrt: „Wenn er klug wäre, so würde er über den Maler [des Goethebildes] und den Professor einfach lachen" (S. 119). Auch Goethe hatte Haller im Traum aufgeklärt: „Wir Unsterblichen lieben das Ernstnehmen nicht, wir lieben den Spaß" (S. 127).

Mozart fordert Haller schließlich am Ende der Reise durch das Magische Theater noch einmal auf: „Sie sollen leben, und Sie sollen das Lachen lernen. Sie sollen die verfluchte Radiomusik des Lebens anhören lernen,

---

69 Vgl. Martin Pfeifer: Hermann Hesse. Siddharta. Der Steppenwolf. Zum Verständnis seiner Prosa. Erläuterungen – Didaktisch-methodische Hinweise. 4. Auflage. Hollfeld: Beyer 1994. S. 107.

70 Vgl. Esselborn-Krumbiegel, H.: Hermann Hesse. S. 88-90.

sollen den Geist hinter ihr verehren, sollen über den Klimbim in ihr lachen lernen. Fertig, mehr wird nicht von Ihnen verlangt" (S. 277). Zur Strafe, weil Haller Hermine imaginär getötet hat, wird er bei „Harrys Hinrichtung" unter anderem ausgelacht. Haller wird von verschiedener Seite immer wieder auf den Humor als Ausweg aus seinem Leiden aufmerksam gemacht. Es wird im Traktat sogar deutlich, dass er dies unbewusst bereits weiß: „Und dies alles ist dem Steppenwolf, auch wenn niemals diesen Abriss seiner innern Biographie zu Gesicht bekommt, sehr wohl bekannt" (S. 74).

Doch erst buchstäblich zum Schluss des Romans erschließt sich Haller endgültig die mögliche Lösung seiner Probleme:

> Oh, ich begriff alles, begriff Pablo, begriff Mozart, hörte irgendwo hinter mir sein furchtbares Lachen, wusste alle hunderttausend Figuren des Lebensspiels in meiner Tasche, ahnte erschüttert den Sinn, war gewillt, das Spiel nochmals zu beginnen, seine Qualen nochmals zu kosten, vor seinem Unsinn nochmals zu schaudern, die Hölle meines Innern nochmals und noch oft zu durchwandern. Einmal würde ich das Figurenspiel besser spielen. Einmal würde ich das Lachen lernen. Pablo wartete auf mich. Mozart wartete auf mich. (S. 277)

Haller erkennt also, auch wenn er diese Erkenntnis zunächst noch nicht umsetzen kann, dass die Lösung seines Konfliktes denkbar einfach und zugleich denkbar schwierig ist. Er muss lernen, über sich selbst zu lachen. Er muss dem Leben nicht mit Tragik, sondern mit Humor begegnen, dann kann sich sein überragender Geist mit der Banalität des Sinnlichen versöhnen. Insofern gibt es Hoffnung für Haller.

2.1.6 Rahmenbedingungen der Entstehung

Bereits die Initialen und die Silbenzahl des Namens Harry Hallers weisen auf den autobiographischen Charakter dieser Erzählung hin. Hesse betonte auch immer wieder ganz klar diesen Charakter seines Romans. Indem der Autor sich im Lebensentwurf des Harry Haller selbst so schonungslos preisgab, konnte er ein Medium schaffen, um auf die von ihm empfundenen Missstände seiner Zeit hinzuweisen und auf die schwierige Situation jener, die gerade in Zeiten solcher „Ungeistigkeit" den in jedem Menschen mehr oder weniger vorhandenen Konflikt zwischen Geist und Sinnlichkeit gesteigert als Qual empfinden:

> Aufgabe des „Steppenwolf" war: Unter Wahrung einiger für mich „ewiger" Glaubenssätze die Ungeistigkeit unserer Zeittendenzen und ihre zerstörende Wirkung auch auf den höherstehenden Geist und Charakter zu zeigen. Ich verzichte auf Maskeraden und gab mich selbst preis, um den Schauplatz des Buches

wirklich ganz und schonungslos echt geben zu können, die Seele eines weit über Durchschnitt Begabten und Gebildeten, der an der Zeit schwer leidet, der aber an überzeitliche Werte glaubt.[71]

Der *Steppenwolf* ist insgesamt die am meisten autobiographische von Hesses Erzählungen, „ein Bekenntnis, das er wie ein Ertrinkender hinausschreit und das ihn aus seiner schlimmsten Krise rettet".[72] Hallers Geburtsort, seine Eltern und Kindheit, seine äußerliche Erscheinung, Psychologie und Philosophie, seine Gefühle, Gedanken, Neigungen, Gewohnheiten und Erfahrungen, sein Verhältnis zu Frauen, zu Musik, Literatur und Politik, zu seinem Alter, zur Bourgeoisie und Deutschland, seine Krise, seine Phantasien und Entschlüsse entsprechen sämtlich denen Hesses.[73]

Die Geschehnisse im realen Leben, auf denen die *Steppenwolf*-Handlung aufbaut, diese „höchst originelle[n] Mischung von psychologischen Realismus und Symbolismus, von Phantasie und Halluzination"[74], ereigneten sich tatsächlich im Februar 1926.

Hesse durchlitt in seinem Leben mehrere persönliche Krisen. Während seiner schlimmsten, in der er glaubte, in einer Art Hölle zu leben, verfasste er den *Steppenwolf*. Hesses erste Frau, Maria, von der er geschieden war, für die er sich aber noch verantwortlich fühlte, hatte, nachdem ihr älterer Bruder Suizid begangen hatte, einen Rückfall in eine Nervenkrankheit, sie und auch ihr jüngerer Bruder mussten in eine Nervenklinik eingeliefert werden.[75]

Diese einschneidende Erfahrung bleibt auch Haller nicht erspart:

> Das andre Mal war über Nacht mein Familienleben zusammengebrochen; meine geisteskrank gewordene Frau hatte mich aus Haus und Behagen vertrieben, Liebe und Vertrauen hatte sich plötzlich in Hass und tödlichen Kampf verwandelt, mitleidig und verächtlich blickten die Nachbarn mir nach. (S. 88, 89)

Hesses zweite Frau, Ruth, erkrankte an Lungentuberkulose. Während Hesse sechs Wochen lang „Tag und Nacht" in „eruptiver" Weise am

---

71 Brief von Hesse an P. A. Riebe. Zit. nach: Siegfried Unseld: Hermann Hesse. Werk und Entstehungsgeschichte. Frankfurt am Main: Insel Verlag 1987. S. 134.

72 Lahann, B.: Dichter für die Jugend der Welt. S. 110.

73 Vgl. Mileck, J.: Dichter. Sucher. Bekenner. S. 191.

74 Vgl. Mileck, J.: Dichter. Sucher. Bekenner. S. 212.

75 Vgl. Unseld, S.: Werk und Entstehungsgeschichte. S. 11.

Steppenwolf arbeitete, verlangte Ruth die Scheidung. Hesse war selbst krank und von Schmerzen geplagt[76], und so ist es Haller:

> Wer die anderen Tage geschmeckt hat, die bösen, die mit den Gichtanfällen oder die mit jenem schlimmen, hinter den Augäpfeln festgewurzelten, teuflisch jede Tätigkeit von Auge und Ohr aus einer Freude zur Qual verhexenden Kopfweh [...] (S. 34)

Außerdem musste sich Hesse mit finanziellen Schwierigkeiten auseinandersetzen, er war auf die Honorare aus dem Verkauf seiner Werke in Deutschland angewiesen, so dass ihn die Geldentwertung zur Zeit der Weltwirtschaftskrise besonders traf.[77]

Seine Krise versuchte der Schriftsteller mit Hilfe des Alkohols und in Gesellschaft von Frauen zu überwinden. Hesse war von einem verzweifelten Verlangen getrieben, sich endlich einmal ausleben zu können. In dieser Zeit geschah es zum ersten Mal überhaupt - wie Hesse in seinem Nachwort zu den 1928 veröffentlichten Krisis-Gedichten selbst feststellte -, dass das Sinnliche, das „Animalische", Hauptgegenstand seiner Arbeit und vorübergehend auch seines Lebens wurde. Der Biograph Freedman spricht in diesem Zusammenhang von einem „Totentanz der Sinnlichkeit":

> Die imaginäre Sündenmetropole und die Vorstellung eines ebenso imaginären Künstlertums verbanden sich nun zu einem Totentanz der Sinnlichkeit, nicht unähnlich dem der Pest, den Hesse in seinem Buch Narziss und Goldmund beschreiben wird.[78]

Hesse war, als er den *Steppenwolf* schrieb, wie Haller Ästhet, Schriftsteller, Gelehrter, Journalist, Psychologe, Philosoph und ein Schizophrener, der sich mit erheblicher Angst seinem 50. Geburtstag näherte. Auch die Äußerlichkeiten stimmen überein: ein Mann mittlerer Statur, nachlässig gekleidet, mit kurz geschnittenem Haar, von höflicher Zurückhaltung, mit sensiblen, wachen Zügen. Haller hat dieselben gesundheitlichen Beschwerden wie Hesse, er verschlingt Bücher, ist in Musik vernarrt, raucht Zigarren und trinkt. Haller ist ebenso unglücklich wie Hesse es war, hat Schwierigkeiten, enge Beziehungen einzugehen, hat viele Bekannte, aber nur wenige gute Freunde.[79]

Hesse erlebte als junger Mann die Wende vom 19. zum 20. Jahrhundert, die gekennzeichnet war durch den Wandel vom Individualismus zur Gruppensolidarität, vom bürgerlich-liberalen zum Massenzeitalter, vom

---

76 Ebd. S. 11, 12.

77 Vgl. Singh, S.: Hermann Hesse. Stuttgart: Reclam 2006. S. 49.

78 Freedman, R.: Hermann Hesse. S. 363.

79 Vgl. Mileck, J.: Dichter. Sucher. Bekenner. S. 192, 193.

Agrar- zum Industriestaat mit überwiegend städtischer Bevölkerung und durch die Zerstörung des *Bürgertums* als Stand.[80] Daher richtet sich Hesses Kritik nicht gegen den bürgerlichen Stand oder die bürgerliche Klasse, sondern gegen die bürgerliche Lebensweise mit ihren Verhaltensweisen und Normen[81], gegen eine selbstzufriedene und geistlose Bürgerlichkeit, die in einer gemäßigten Zone, aus der alle extremen geistigen und sozialen Positionen verdrängt sind, verharrt.[82]

Ohne dass es ausdrücklich im Text genannt würde, steht der Erste Weltkrieg als einschneidendes Ereignis im Hintergrund. An dieser Katastrophe gibt Haller seinem Vaterland die Mitschuld, für sie ist das ganze technokratisch-kapitalistische System verantwortlich, durch sie ist er zum Pazifisten geworden.[83] Haller verkörpert ein Psychogramm der Nachkriegsgeneration, die auf der Suche nach einer neuen Existenzgrundlage dem Zwiespalt von Irrationalität und Intellektualität, Animalismus und Spiritualität ausgeliefert ist.[84]

Auch in der Einstellung zum Zeitgeist finden sich offensichtliche Parallelen. Haller äußerte wie Hesse während des Ersten Weltkrieges seine antimilitaristische Haltung und wurde dafür als Verräter der deutschen Sache bezeichnet, als Schriftsteller diskreditiert und dadurch seiner Erwerbsgrundlage beraubt. Auch nach dem Krieg blieb Haller wie Hesse weiterhin das Ziel von Beschimpfungen durch die nationalistische Presse, weil er seine Landsleute dazu aufrief, Geduld, Selbstkritik und Menschlichkeit zu üben.[85] In den kulturpessimistischen Aspekten im *Steppenwolf* hat Hesse die kommenden Zeiten des Nationalsozialismus heraufziehen sehen[86]: „Er [der Professor] hat den Krieg nicht miterlebt […] er sieht nichts davon, wie rings um ihn der nächste Krieg vorbereitet wird, er hält Juden und Kommunisten für hassenswert […]" (S. 103).

Allerdings erscheint die Bemerkung von Lequen, dass Hesse im *Steppenwolf* „Erinnerungen an vier Jahre Mord und Unrecht des Ersten Weltkrieges aufarbeitete"[87] doch übertrieben. Hesse thematisiert im *Steppen-*

---

80 Vgl. Dieter Mayer: Hermann Hesses „Steppenwolf". Ein ideologiekritischer Versuch im Deutsch- und Gesellschaftskundeunterricht der Klassen 12 und 13. In: Diskussion Deutsch 4 (1973). Heft 13. S. 206.

81 Ebd. S. 212.

82 Ebd. S. 208.

83 Vgl. Schwarz, E.: Hermann Hesse: Der Steppenwolf. S. 153.

84 Vgl. Illustrierte Geschichte der deutschen Literatur in sechs Bänden. Hrsg. von Anselm Salzer und Eduard von Trunk. Frechen: Komet o. J. S. 141.

85 Vgl. Mileck, R.: Dichter. Sucher. Bekenner. S. 194.

86 Vgl. Walther, K.: Hermann Hesse. S. 111.

87 Lequen, F.: Hermann Hesse. Zum Verständnis seiner Prosa. S. 54.

wolf zwar auch den Krieg, aber sicherlich nicht in erster oder vorderer Linie. Das Thema Krieg wird vielmehr nur an einigen wenigen Stellen aufgegriffen.

Zum ersten und einzigen Mal verlegte Hesse mit dem *Steppenwolf* das Geschehen in eine zeitgenössische Metropole. In seinen übrigen Werken erscheint Städtisches allenfalls am Rande, meistens spielt die Handlung in der Natur, in einer unpräzisierten Vergangenheit (*Narziss und Goldmund*) oder vor einer imaginären Kulisse (*Siddhartha, Das Glasperlenspiel*). In der von ihm entworfenen Symbol-Stadt (eine Mischung aus den ihm bekannten Städten Zürich und Basel) fand er eine für die Darstellung seiner jüngsten Erlebnisse adäquate Welt, hier konnte er nicht nur seine individuellen, sondern auch die kollektiven Neurosen aufzeigen, die er als die Symptome seiner Zeit ansah.[88]

Hesse verurteilte die aus seiner Sicht enthumanisierte Massenkultur, die sich in Kommerzialisierung und Industrie, in anonymen Mietskasernen, neonerleuchteten Boulevards, Autos und klappernden Straßenbahnen, modischen Läden und Bars äußerte. Hier war nichts Organisches mehr, keine natürliche Entfaltung, sondern nur noch kalte Künstlichkeit und zugleich überhitzte Triebabfuhr. Als die Idee zum *Steppenwolf* erste Formen annahm, verband Hesse mit dem Stadtleben Trinken, Halbwelt, Halluzination und sexuelle Zügellosigkeit. Das Magische Theater war Produkt eines Wechselspiels dieser äußeren Hölle mit seiner inneren.[89]

Hesse stieß mit dem *Steppenwolf* zu seiner Zeit an. Er wurde wegen seiner Darstellung von Sex und Drogen ebenso kritisiert wie wegen seiner politischen Haltung, die nicht konform war mit dem Zeitgeist. Aber auch seine Freunde und Bekannten irritierte er mit seinem eingeschlagenen Lebenswandel ebenso wie seine bisherigen Leser, die anderes von Hesse, dem Autoren des *Siddhartha*, kannten und schätzten.

Doch Hesses eigenen Äußerungen ist zu entnehmen, dass die Zeit, einen Roman wie den *Steppenwolf* und Gedichte wie die *Krisis*-Gedichte zu schreiben, für ihn reif war:

> Indessen ist das Problem des alternden Mannes, die altbekannte Tragikomödie des Fünfzigjährigen, keineswegs der einzige Inhalt dieser Verse. Es ist in ihnen nicht bloß vom nachmaligen Aufflackern der Lebenstriebe im Alternden die Rede, sondern mehr noch von einer jener Etappen des Lebens, wo der Geist seiner selbst müde wird, sich selbst entthront und der Natur, dem Chaos, dem Animalischen das Feld räumt. […]. Ich verstand mich auf das Geistige im weitesten Sinne besser als auf das Sinnliche […]

---

88 Vgl. Freedman, R.: Herman Hesse. S. 360.

89 Vgl. Freedman, R.: Hermann Hesse. S. 360.

> Mit zunehmenden Jahren [...] muss auch diese bisher unterschlagene Lebenshälfte ins Licht des Bewusstseins und der Darstellung gerückt werden [...] Man kann nicht das Ideal der Aufrichtigkeit haben und immer nur die hübsche und bedeutende Seite seines Wesens zeigen. Die andere ist auch da...[90]

Mit dem *Steppenwolf* gelang es Hesse, seine persönliche Lebenskrise zu überwinden. Der Lebensentwurf des Harry Haller entspricht insgesamt deutlich mehr Hesses realem Leben als die Lebensentwürfe, die in *Narziß und Goldmund* vorgestellt werden.

2.2 Lebensentwürfe in Narziß und Goldmund

> Und ich habe auch das Glück gehabt zu erleben, dass die Sinnlichkeit beseelt werden kann. Daraus entsteht die Kunst.[91]

2.2.1 Übertragung der Polarität auf zwei Charaktere

Narziß und Goldmund befindet sich in der Tradition sowohl des Entwicklungs- und Künstlerromans als auch der individualistisch-antibürgerlichen Landstreicherromane des frühen 20. Jahrhunderts.[92] Das Werk versöhnte die alte Lesergemeinde Hesses auf den ersten Blick wieder nach den Irritationen, die der *Steppenwolf* bei ihr hervorgerufen hatte.[93]

In der Regel beginnt jede größere Erzählung Hesses dort, wo die unmittelbar vorhergehende abbricht, „sie untersucht die abschließende Verheißung besserer Möglichkeiten ihrer Vorgängerin und findet sie unzureichend; und dann endet sie selbst abrupt mit dem Ausblick neuer Hoffnung".[94] Eine solche Entwicklung lässt sich auch vom *Steppenwolf* zu *Narziß und Goldmund* feststellen.

Der *Steppenwolf* unterscheidet sich mit seiner widersprüchlichen Mischung von Stilen und seinem oftmals schneidendem Ton vom glatten und bisweilen sentimentalen Erzählstil von *Narziß und Goldmund*, thematisch stehen sich die beiden Werke jedoch nahe: Die Dichotomie Geist und Natur findet sich in beiden, wobei diese sich im *Steppenwolf* als ein

---

90 Aus dem Nachwort zu *Krisis* (1928). Zit. nach: Mileck, R.: Dichter. Sucher. Bekenner. S. 199.

91 Hermann Hesse: Narziß und Goldmund. Frankfurt am Main: Suhrkamp 1996. S. 323. Die folgenden Zitate im Kapitel „Lebensentwürfe in Narziß und Goldmund" in dieser Arbeit stammen, soweit nichts anderes genannt wird, aus dieser Ausgabe.

92 Vgl. Singh, S.: Hermann Hesse. S. 189.

93 Vgl. Walther, K.: Hermann Hesse. S. 119.

94 Mileck, J.: Dichter. Sucher. Bekenner. S. 12.

Kampf von Kräften in der Seele einen einzelnen Charakters ausdrückt, in *Narziß und Goldmund* hingegen auf zwei Charaktere aufgeteilt ist, die sich als Freunde ergänzen.[95]

Die grelle und lärmende Stadtwelt Hallers wurde ersetzt durch eine fiktive mittelalterliche Welt, in der die Protagonisten Narziß und Goldmund leben.

Narziß verkörpert das Geistige, den Intellekt. Er erreicht seinen Aufstieg vom jungen Novizen der Klosterschule Maulbronn zu Amt und Würden innerhalb der Kirche durch Disziplin und Selbstbeherrschung.

Goldmund ist ein Künstler, der als Klosterschüler unter dem Tutor Narziß zunächst dieselbe Laufbahn antritt, dann aber ausbricht, um sich seiner Sinnlichkeit zu widmen. Seine Wanderschaft stellt den größten Teil des Romans dar: seine Empfänglichkeit für sinnlich erlebbare Freuden mit dem anderen Geschlecht und die Transformation seiner Erlebnisse in die Kunst. Später kehrt er zu Narziß zurück, um vor seinem Tode im Kloster noch zwei Kunstwerke zu schaffen.[96]

2.2.2 Aufbau

Die Erzählung besteht aus 20 Kapiteln, die die Entwicklung Goldmunds wiedergeben. Der Lebenslauf des Protagonisten lässt sich in drei große Abschnitte gliedern: 1. die Jugendzeit im Kloster, 2. das Leben als Wanderer und Künstler und 3. die Rückkehr ins Kloster und Goldmunds Tod. Parallel zu dieser äußeren Handlungsebene verläuft die innere, die seelische Entwicklung Goldmunds: Heilung der Neurose durch Narziß, Gang durch die Welt der Sinne mit Visionen der Urmutter und schließlich Finden der seelischen Einheit und Rückkehr zur Mutter im Tod.

Der Darstellung der seelischen Entwicklung des Protagonisten Goldmund ist, vergleichbar wie bei Harry Haller, der Vorrang gegenüber der Darstellung von Ereignissen gegeben worden. Hesse nennt dies „Seelenbiographie", ein Schlüsselbegriff, den die Hesse-Forschung immer wieder aufgegriffen hat. In seinem Aufsatz *Eine Arbeitsnacht*, den er am 2. Dezember 1928 während der Arbeit an *Narziß und Goldmund* geschrieben hat, erläutert er diesen Prozess:

> Beinahe alle Prosadichtungen, die ich geschrieben habe, sind Seelenbiographien, in allen handelt es sich nicht um Geschichten,

95 Vgl. George W. Field: Hermann Hesse. Kommentar zu sämtlichen Werken. In: Stuttgarter Arbeiten zur Germanistik. Hrsg. von Ulrich Müller, Franz Hundsnurscher und Cornelius Sommer. Nr. 24. Stuttgart: Verlag Hans-Dieter Heinz 1977. S. 109.

96 Vgl. Freedman, R.: Hermann Hesse. S. 406, 407.

> Verwicklungen und Spannungen, sondern sie sind im Grunde Monologe, in denen eine einzige Person [...] in ihren Beziehungen zur Welt und zum eigenen Ich betrachtet wird. Man nennt diese Dichtungen „Romane". In Wirklichkeit sind sie keineswegs Romane, so wenig wie ihre großen, mir seit der Jünglingszeit heiligen Vorbilder, etwa der „Heinrich von Ofterdingen" des Novalis oder der „Hyperion" Hölderlins, Romane sind.[97]

Die in der Handlung thematisierte Antinomie Geist und Sinnlichkeit wird durch einen Wechsel der Erzählperspektive verstärkt: Die Geschichte beginnt mit Narziß, und sie endet auch mit Narziß, auf den die Perspektive in den letzten Kapiteln wieder gerichtet wird.

Auch der gegensätzliche Schauplatz von *Narziß und Goldmund* versinnbildlicht Dichotomie und Polarität. Kloster und Welt stehen für Geist und Natur, um die alles Menschliche kreist. Zehn der 20 Kapitel der Erzählung sind dem Kloster, zehn der Welt zugewiesen.[98]

Die Dichotomie des Lebens wird auch durch das Erzählte selbst betont, immer wieder findet sich eine Paarbildung bzw. die Zahl zwei.[99] Diese Polarität des Erzählten, von Mileck als „stilisierter Zweischlag-Rhythmus" bezeichnet, wird bis zum Ende des Romans beibehalten. Bevor beispielsweise Goldmund am Ende das Bewusstsein verliert, macht er Narziß gegenüber zwei Äußerungen, die auf die Unmöglichkeit eines Todes ohne vorheriges Leben anspielen. Narziß wacht zwei Tage und Nächte bei dem sterbenden Goldmund und denkt über dessen letzte Worte nach.[100] Ein weiteres Beispiel sind die beiden Totschläge, die Goldmund in Notwehr begeht, einmal rettet er dadurch sein eigenes Leben (S. 144), ein anderes Mal bewahrt er seine Partnerin Lene vor der Vergewaltigung (S. 222, 223).

2.2.3 Narziß

Der griechischen Sage zufolge war Narziß ein schöner Jüngling, welcher sich in sein Spiegelbild im Wasser verliebte. Er verzehrte sich in ungestillter Sehnsucht, an seiner Stelle wuchs dann aus der Erde eine Narzisse. Mit dem Begriff „Narzissmus" bezeichnet man heute aus psychoanalytischer Sicht die Selbstliebe.

---

97 Aus: Hermann Hesse: *Eine Arbeitsnacht* (1928). Zit. nach: Narziß und Goldmund. Text und Kommentar. Hrsg. von Hermann Michels. Frankfurt am Main: Suhrkamp 2003. S. 335.

98 Vgl. Mileck, J.: Dichter. Sucher. Bekenner. S. 233.

99 Ausführlich dazu Mileck, J.: Dichter. Sucher. Bekenner. S. 233 ff.

100 Ebd. S. 234.

Auch wenn der Protagonist Narziß einige Züge der Selbstliebe trägt, hegt er jedoch ebenso (wenn auch unterdrückt) liebevolle Gefühle für Goldmund, so dass ein strenger Bezug auf den Narziß der griechischen Sage wohl nicht zu sehen ist.[101]

Zu Beginn der Handlung wird Narziß als Wunderknabe beschrieben, als ein schöner „Jüngling mit dem eleganten Griechisch, mit dem ritterlich tadellosen Benehmen, mit dem stillen, eindringlichen Denkerblick und den schmalen, schönen und streng gezeichneten Lippen" (S. 9). Narziß charakterisiert sich selbst als jemanden, der „ein Gefühl für die Art und Bestimmung der Menschen habe [...] Diese Eigenschaft zwingt mich dazu, den anderen dadurch zu dienen, dass ich sie beherrsche. Wäre ich nicht zum Klosterleben geboren, so würde ich Richter oder Staatsmann werden müssen" (S. 12). Der „Kern und Sinn seines Lebens war der Dienst am Geist, der Dienst am Wort, war das stille, überlegene, auf eigenen Nutzen verzichtende Führen seiner Schüler - und nicht nur seiner Schüler - zu hohen geistigen Zielen" (S. 24).

Diese Fähigkeit wendet er insbesondere auf seinen Schüler Goldmund an:

> Narziß dachte viel über seinen Freund nach. Sein besonderes Vermögen, die Art und Bestimmung der Menschen zu schauen und fühlend zu erkennen, hatte ihm über Goldmund längst Bescheid gesagt. Alles Lebendige und Strahlende an diesem Jüngling sprach so deutlich: er trug alle Zeichen eines starken, in den Sinnen und der Seele reich begabten Menschen, eines Künstlers vielleicht, jedenfalls aber eines Menschen von großer Liebeskraft, dessen Bestimmung und Glück darin bestand, entzündbar zu sein und sich hingeben zu können. (S. 41)

Narziß, dem Goldmund nacheifert, verletzt seinen Freund zunächst, als er ihm nahe legt, dass sie sich überhaupt nicht ähnlich seien: „Nein, Goldmund, ich bin nicht deinesgleichen, nicht so wie du glaubst. [...] Ich sage dir: unsere Freundschaft hat überhaupt kein anderes Ziel und keinen anderen Sinn, als dir zu zeigen, wie vollkommen ungleich du mir bist!" (S. 38, 39).

Mit einem Wissen ausgestattet, das beinahe schon auktorial erscheint, erläutert Narziß, dass der eine den anderen brauche, um sich von ihm abzugrenzen und auf der anderen Seite des Poles seine Bestimmung zu finden:

> Narziß: „Es ist mein Ernst. Es ist nicht unsere Aufgabe, einander näherzukommen, sowenig wie Sonne und Mond zueinander

---

101 Vgl. Martin Pfeifer: Hesse-Kommentar zu sämtlichen Werken. München: Winkler Verlag 1980. S. 197.

kommen oder Meer und Land. Wir zwei, lieber Freund, sind Sonne und Mond, sind Meer und Land. Unser Ziel ist nicht, ineinander überzugehen, sondern einander zu erkennen und einer im andern das sehen und ehren zu lernen, was er ist: des andern Gegenstück und Ergänzung." (S. 47, 48)

Die Sonne ist Sinnbild des solaren, männlichen, die Ratio und das Abstrakte vertretenden (Vater-)Prinzips, der Mond Sinnbild der lunaren, weiblichen, die (Mutter-)Natur darstellenden und im konkreten Dasein wurzelnden Lebensform. Auf diesen Konstanten baut sich die Symbolik des Romans weitgehend auf.[102]

Narziß nennt Goldmund dessen wahre Natur und Bestimmung, auch wenn Goldmund diese zu dem Zeitpunkt noch nicht wahrhaben will:

> „Gewiss", sprach Narziß weiter. „Die Naturen von deiner Art, die mit den starken und zarten Sinnen, die Beseelten, die Träumer, Dichter, Liebenden, sind uns andern, uns Geistmenschen, beinahe immer überlegen. Eure Herkunft ist eine mütterliche. Ihr lebet im Vollen, euch ist die Kraft der Liebe und des Erlebenkönnens gegeben. Wir Geistigen, obwohl wir euch andere häufig zu leiten und zu regieren scheinen, leben nicht im Vollen, wir leben in der Dürre. Euch gehört die Fülle des Lebens, euch der Saft der Früchte, euch der Garten der Liebe, das schöne Land der Kunst. Eure Heimat ist die Erde, unsere die Idee. Eure Gefahr ist das Ertrinken in der Sinnenwelt, unsere das Ersticken im luftleeren Raum." (S. 50)

Ebenso bedeutend für die weitere Entwicklung Goldmunds ist, dass Narziß, mehr intuitiv und unbewusst, Goldmunds Neurose entdeckt und gleichzeitig heilt: Goldmund hat, verursacht durch seinen Vater, seine Mutter vergessen.

Der Biograph Mileck identifiziert mit Narziß den Menschen Hermann Hesse. So wäre es Hesse nicht gegeben gewesen, „so spontan und unbekümmert wie Goldmund zu leben und zu arbeiten", aber Hesse habe davon träumen können. Narziß sei, mit seiner platonischen Zurückweisung der Welt und seiner Ausrichtung auf die Ewigkeit, Hesses „wirkliches Los und Dilemma" gewesen, ein „sehnsuchtsvoller Traum" sei mit Goldmund gestorben, „und Hesse blieb zurück mit Narziß und einer Lebensweise, die unmittelbar weit weniger anziehend war, die aber mit seinem Wesen übereinstimmte, und die weit befriedigender zu sein versprach".[103]

---

102 Vgl. Ralf R. Nicolai: Hesses „Narziss und Goldmund". Kommentar und Deutung. Würzburg: Königshausen und Neumann 1997. S. 55.

103 Mileck, J.: Dichter. Sucher. Bekenner. S. 226, 227.

Kuhn weist jedoch zutreffend darauf hin, dass Mileck dem Umstand, dass der Roman zum größten Teil die Geschichte Goldmunds erzählt und dieser einen versöhnlichen Tod findet, nicht ausreichend Bedeutung zumisst und außerdem die Selbstsicht des Autoren relativiert.[104] So zitiert Kuhn einen Brief von Hesse aus dem Jahre 1930:

> Wir beide, Goldmund und ich, sind das Gegenteil von vorbildlichen Menschen, und darum sind wir beide auch nur Hälften. Goldmund ist erst mit Narziß [...] zusammen ein Ganzes. Ebenso bin ich, der Künstler Hesse, der Ergänzung bedürftig durch einen Hesse, der den Geist, das Denken, die Zucht, sogar die Moral verehrt [...][105]

Insbesondere kann Milecks Ausführungen nicht gefolgt werden, demzufolge Narziß ein Haller sei, „der sich und das Leben fester im Griff" habe, aber eben „auch ein potentieller Steppenwolf". Ferner hätten sich Narziß und Haller „für einen Zweck und eine Möglichkeit" geopfert, Goldmund habe sich hingegen der „Tatsächlichkeit" unterworfen und sich dem „Rhythmus von Leben und Tod" überlassen.[106]

Haller hat sich doch gerade, wenn auch erst in der Mitte seines Lebens, für die Erfahrung der Sinnlichkeit geöffnet, während bei Narziß zum Schluss des Romans zwar eine gewisse Skepsis, hervorgerufen durch Goldmunds letzte Worte, ob seines eigenen gewählten Lebensweges „in seinem Herzen wie Feuer" (S. 328) brannte, es aber offen bleibt, ob er sein Leben tatsächlich ändern wird. Vielmehr wird bei der Lektüre deutlich, dass Narziß und Goldmund die beiden Pole Vernunft und Sinnlichkeit verkörpern, die bei Haller in einer Person vereint sind und die letztendlich in jedem Menschen, so auch im Autor Hesse, widerstreiten.

2.2.4 Goldmund

2.2.4.1 Klosterjahre

Goldmund wird in jungen Jahren ins Kloster Mariabronn gebracht. Ebenso ist es Hesse ergangen, als er mit 14 Jahren von seinen Eltern ins Klosterseminar Maulbronn (man beachte die Ähnlichkeit der Namen der Klöster) geschickt wurde, damit er Theologe werde.[107] Hesse und Gold-

---

104 Vgl. Heribert Kuhn: Heraustreten aus der „Totschlägerreihe". Über Hermann Hesses Bearbeitung des Wilhelminischen Geschlechtergegensatzes in Narziß und Goldmund. In: Narziß und Goldmund. Text und Kommentar. Hrsg. von Hermann Michels. Frankfurt am Main: Suhrkamp 2003. S. 347, 348.

105 Zit. nach: Kuhn, H.: Heraustreten aus der „Totschlägerreihe". S. 347.

106 Mileck, J.: Dichter. Sucher. Bekenner. S. 227.

107 Vgl. Freedman, R.: Hermann Hesse S. 58, 59.

mund erweisen sich zunächst als fleißig in der Schule, um nach einer gewissen Zeit jedoch jedes Interesse an Schule und Studium zu verlieren und auszureißen.[108]

Schon früh wird deutlich, dass das Ziel Goldmunds, der zunächst seinem Freund und Lehrer Narziß im Studium nacheifert, nicht die Wissenschaft sein wird: „Im innersten Herzen liebte er nicht die Gelehrsamkeit, nicht Grammatik und Logik, obwohl auch sie ihre Schönheit hatten, sondern mehr liebte er die Bilder- und Klangwelt der Liturgie" (S. 44). Immer wieder erregen im Kloster Heiligenfiguren, Ornamente oder sogar nur Buchstaben seine Phantasie (S. 43).

Goldmunds Individuation beginnt, als er eines Nachts mit drei Mitschülern heimlich aus dem Kloster ausbricht und im angrenzenden Dorf zum ersten Mal mit seiner Sinnlichkeit konfrontiert wird. Er erhält von einem jungen Mädchen einen Kuss, der ihn innerlich aufwühlt: „‚Niemals mehr!' sagte befehlend sein Wille. ‚Morgen wieder!' flehte schluchzend sein Herz" (S. 29). Goldmund fühlt, „[...] dass all sein bisheriger Lebenstraum, alles, woran er glaubte, alles, wozu er sich bestimmt und berufen meinte, durch jenen Kuss [...] gefährdet war". Er hatte „[...] bei der ersten flüchtigen Begegnung, beim ersten Anruf des Lebens an seine Sinne, beim ersten Gruß des Weiblichen unweigerlich gespürt, dass hier sein Feind und Dämon stehe, dass das Weib seine Gefahr sei" (S. 33).

Aufgewühlt berichtet Goldmund Narziß von diesem Vorfall. Narziß, der längst ahnt, dass Goldmunds Bestimmung nicht das Kloster ist, versucht ihn zu beruhigen:

> „Die Liebe zu Gott", sagte er langsam, die Worte suchend, „ist nicht immer eins mit der Liebe zum Guten. Ach, wenn es so einfach wäre! Was gut ist, wissen wir, es steht in den Geboten. Aber Gott ist nicht nur in den Geboten, du, sie sind nur der kleinste Teil von ihm. Du kannst bei den Geboten stehen und kannst weit von Gott weg sein." (S. 37)

Hier kommt der bereits erwähnte Einfluss Nietzsches auf Hesse zum Tragen: Der Gedanke von einem Gott, der sowohl das Gute als auch das Böse in sich schließt, lässt sich auf Nietzsche zurückführen.[109]

Einen weiteren wesentlichen Schritt bei Goldmunds Ich-Werdung stellt seine Erkenntnis dar, dass er seine Mutter vergessen hat. Goldmunds Vater, bei dem diese in Ungnade gefallen war, hatte dafür gesorgt: „[...] ihr Bild hatte er [Goldmund] nicht mehr besessen, und von dem wenigen, was er über sie zu wissen glaubte, hatte er Narziß das meiste ver-

108 Ebd. S. 62.

109 Vgl. Nicolai, R.: Hesses „Narziß und Goldmund". Kommentar und Deutung. S. 39.

schwiegen. Die Mutter war etwas, wovon man nicht sprechen durfte, man schämte sich ihrer" (S. 61).

Man schämte sich ihrer deshalb, weil sie die *bürgerlichen* Erwartungen an sie nicht erfüllte:

> Sie aber, nach einigen Jahren der Zahmheit und des geordneten Lebens, hatte sich ihrer alten Künste und Übungen wieder erinnert, hatte Ärgernis erregt und Männer verführt, war Tage und Wochen von zu Hause weggeblieben, war in den Ruf einer Hexe gekommen und schließlich, nachdem ihr Mann sie mehrmals wieder eingeholt und zu sich genommen hatte, für immer verschwunden. (S. 61)

Es bedarf erst der ausgeprägten Menschenkenntnis von Narziß, um das Bild der Mutter und mit ihr alle Wesensmerkmale, die sie an ihren Sohn vererbt hatte, in Goldmund wieder wach zu rufen: „Und nun war dieses Bild, der Stern seiner frühesten Jahre, wieder aufgestiegen. ‚Es ist unbegreiflich, wie ich das hatte vergessen können', sagte er zu seinem Freunde. ‚Nie in meinem Leben habe ich jemanden so geliebt wie meine Mutter' […]" (S. 62). Diese elementare Erkenntnis erschüttert Goldmund schwer, er verliert sogar vorübergehend das Bewusstsein. Narziß berichtet später über Goldmunds Reaktion, er sei „wie entgeistert" (S. 56) gewesen. In diesem Ausdruck wird verdeutlicht, dass sich das Lebendige in Goldmund, seine Natur, Oberhand über den Geist verschafft.[110] Als Goldmund später aus seiner Ohnmacht wieder erwacht, ist dieses Erwachen sowohl ein tatsächliches als auch ein psychologisches.[111] Der gütige Pater Anselm, der Goldmund im Krankenbett umsorgt und beim Aufwachen begrüßt, hat ihm Glühwein bereitgestellt, den beide als „kleine heimliche Zecherei in der Nacht" (S. 59) trinken. Somit ist Goldmunds erste Erfrischung in seiner neuen Lebensetappe eine dionysische.[112]

Vom Augenblick dieser Erkenntnis an entwickelt sich Goldmunds Sinn für das Natürliche und Künstlerische, sein Interesse an den Wissenschaften hingegen wird immer geringer:

> „Es geht mir mit dem Geist und mit der Gelehrsamkeit ähnlich, wie es mir mit meinem Vater gegangen ist: ich glaubte ihn sehr zu lieben und ihm ähnlich zu sein, ich schwor auf alles, was er sagte. Aber kaum war meine Mutter wieder da, so wusste ich erst wieder, was Liebe ist, und neben ihrem Bild war das des Vaters plötzlich klein und unfroh und beinahe widerwärtig geworden.

---

110 Ebd. S. 61.

111 Vgl. Nicolai, R.: Hesses „Narziß und Goldmund". Kommentar und Deutung. S. 65.

112 Ebd. S. 67.

> Und jetzt neige ich alles dazu, alles Geistige als väterlich, als unmütterlich und mutterfeindlich anzusehen und es ein wenig gering zu achten." (S. 68)

Goldmund gelangt schließlich zu der Einsicht, die ihm sein Freund Narziß längst versucht hatte zu vermitteln, nämlich dass er für das Leben im Kloster nicht geschaffen ist:

> Er selbst aber, dies war ihm heute klargeworden, gehörte nicht hierher, er war ohne Heimat, eine unbekannte Welt wartete auf ihn. So war es einst auch seiner Mutter gegangen. Sie hatte Haus und Hof, Mann und Kind, Gemeinschaft und Ordnung, Pflicht und Ehe verlassen und war ins Ungewisse hinausgegangen, war wohl längst darin untergegangen. Sie hatte kein Ziel gehabt, wie auch er keines hatte. (S. 73)

2.2.4.2 Wanderjahre

Seine Begegnung mit Lise, die ihn auf freiem Felde verführt, bewirkt, was Goldmund bereits leidvoll ahnte, seitdem er im Dorf den schüchternen Kuss eines jungen Mädchens erhalten hatte. Er erlebt das Geschlechtliche als einen unwiderstehlichen Ruf, dem er folgen muss: „Das Leben selber ist zu mir gekommen" (S. 82).

Er berichtet Narziß, der dies alles bereits vorausgesehen hatte, davon und nimmt Abschied von seinem Freund und Lehrer, da er nicht anders kann: „Es ist für mich der Weg zum Leben und der Weg zum Sinn des Lebens" (S. 85). Diese Abschiednahme stellt eine zentrale Szene in der Erzählung dar, denn zu dem Zeitpunkt, wo sich Goldmund endgültig für das Sinnliche entscheidet, entscheidet sich Narziß, der sich auf die Weihen vorbereitet, endgültig für das Geistliche:

> Wie seltsam und erschreckend war auch dies gewesen: mit seinem überströmenden Herzen, mit seiner blühenden Liebesberauschtheit zu seinem Freunde gerade in einer Stunde zu kommen, wo dieser meditierend, von Fasten und Wachen verzehrt, seine Jugend, sein Herz, seine Sinne ans Kreuz schlug und zum Opfer brachte und sich der strengsten Schule des Gehorsams unterzog, um nur dem Geiste zu dienen und ganz zum minister verbi divini zu werden! (S. 86)

Paradoxerweise kann sich Lise, die zum Initiator von Goldmunds Wanderschaft wird, selbst nicht dem Sesshaften, dem *Bürgerlichen*, entziehen. Sie betrügt zwar ihren Mann und weiß, dass sie deswegen von ihm Schläge erhalten wird, trotzdem will sie nicht mit Goldmund mitgehen, sondern kehrt nach Hause zurück: „Sie tat ihm leid, wie sie da über die gemähten Wiesen fortstrebte, von irgendeiner Macht gerufen und gezogen, einer unbekannten Macht, über welche er sich Gedanken machen musste." (S. 92). Lise verkörpert die bürgerliche Lebensweise im Verständnis Harry Hallers, sie versucht, um es mit Worten aus dem Traktat zu sagen, „in der Mitte zwischen den Extremen sich anzusiedeln, in einer gemäßigten und bekömmlichen Zone ohne heftige Stürme und Gewitter"[113].

Es handelt sich dabei um die Macht der Gewohnheit, um den gesellschaftlichen Druck und besonders um die Angst vor dem Ausgeschlossensein aus der menschlichen Gesellschaft[114]: „Lag es daran, dass er auf Wanderschaft lebte und dass die Sesshaften vor dem Leben der Heimatlosen ein Grauen fühlten?" (S. 106). Mit dieser Macht wird Goldmund noch häufiger konfrontiert werden. Später wird zudem deutlich, dass diese Angst vor dem Ausgeschlossensein mit dem Wunsch korrespondiert, die Vergänglichkeit des Lebens zu verdrängen:

> [...] immer ist er [der Vagabund] Gegenspieler und Todfeind des Besitzenden und Sesshaften, der ihn hasst, verachtet und fürchtet, denn er will nicht an all das erinnert werden: nicht an die Flüchtigkeit alles Seins, an das beständige Hinwelken alles Lebens, an den unerbittlichen eisigen Tod, der rund um uns das Weltall erfüllt. (S. 203)

Hier wechselt mit dem Relativpronomen „der" das Subjekt, die Sicht ist nun die des Sesshaften. Durch die Verwendung des Personalpronomens „uns" bezieht Hesse sich und den Leser in diese Perspektive ein.[115]

Eine solche Distanzierung vom Protagonisten findet sich auch im *Steppenwolf*. Der fiktive Herausgeber, der sich selbst als bürgerlich bezeichnet („Aber ich bin nicht er, und ich führe nicht seine Art von Leben, sondern das meine, ein kleines und bürgerliches, aber gesichertes und von Pflichten erfülltes."[116]) identifiziert sich durch das Personalpronomen „uns" mit dem Leser: „Darin, scheint mir, liegt der Sinn, den seine Aufzeichnungen für uns haben können [...]".[117]

Auf diese Weise zeigt Hesse auf, dass die von ihm entworfenen Lebensentwürfe nicht vorbildhaft verstanden werden sollen. Der Leser kann seine Schlüsse aus den Lehren der Protagonisten ziehen, auch wenn er nicht deren Lebensweise teilt.

---

113 *Steppenwolf*. S. 69.

114 Vgl. Nicolai, R.: Hesses „Narziß und Goldmund". Kommentar und Deutung. S. 94.

115 Vgl. Nicolai, R.: Hesses „Narziß und Goldmund". Kommentar und Deutung. S.163.

116 *Steppenwolf*. S. 30.

117 *Steppenwolf*. S. 32.

Auf seiner Wanderschaft hat Goldmund zahlreiche erotische Begegnungen mit Frauen. Er lernt „die Frauen in ihrer Mannigfaltigkeit zu sehen, zu fühlen, zu tasten, zu riechen" und betrachtet „mit immer neuem Entzücken die unendlich verschiedenen Arten, wie ein Kopf auf einem Halse sitzen, eine Stirn sich vom Haarwuchs sondern, eine Kniescheibe sich bewegen konnte" (S. 107). Dadurch wird seine Wahrnehmung des Individuellen geschärft, so dass sich diese Unterrichtung in der Körperlichkeit zugleich als Vorschule für sein Künstlertum erweist[118]:

> Er begann zu merken, schon früh, dass vielleicht hierin der Sinn seiner Wanderschaft liege, dass er vielleicht deshalb von einer Frau zur andern getrieben werde, damit er diese Fähigkeit des Kennens und Unterscheidens immer feiner, immer vielfältiger und tiefer erlerne und übe. (S. 107)

Goldmunds sinnlicher Verkehr mit Frauen ist wesentlicher Impuls seines Lebens und seine Begegnung mit Lise (wie bereits erwähnt) Auslöser, das Kloster zu verlassen und seiner Bestimmung zu folgen. Bei Haller sind es seine Freundin Hermine und seine Geliebte Maria, die zu Katalysatoren seiner angestrebten Veränderung werden. Daher ist es geboten, das Verhältnis der Protagonisten Goldmund und Haller zu den Frauen näher zu beleuchten.

Hesses männliche Romangestalten zeigen laut Kleine „neben der Begabung zur Freundestreue eine kühle Sexualablehnung gegenüber Frauen".[119] Sie würden „den Paradiestraum von Verführung und Sünde" träumen und „‚qual-selig' die Wolllust unerlöster Sinnlichkeit" genießen, dabei „zwischen den Gefühlen von scheuen Knaben und Lüstlingen hin und her" pendeln, „zwischen Asketentum und hastig-gieriger Ausschweifung". Liebe habe für sie immer einen „Beigeschmack von Gottesdienst oder Verbrechen, von Wonne oder Grauen".

Ob das Verhältnis von Haller und Goldmund zu ihren Frauen tatsächlich von einer solchen „kühlen Sexualablehnung" geprägt ist, muss bezweifelt werden angesichts solcher ausführlichen Darstellungen erotisch-sinnlicher Momente:

> Ich hatte mich etwas zur ihr hinabgebeugt, da fasste sie meinen Kopf mit ihren beiden großen, festen Händen, zog ihn herab und küsste mich lange. Dann setzte ich mich zu ihr aufs Bett, hielt ihre

118 Vgl. Nicolai, R.: Hesses „Narziß und Goldmund". Kommentar und Deutung. S. 107.

119 Gisela Kleine: Das literarische und das gelebte Ich Hermann Hesses in der Wirkungsgeschichte. In: Hermann Hesse. Politische und wirkungsgeschichtliche Aspekte. Hrsg. von Sigrid Bauschinger und Albert Reh. Bern: Francke 1986. S. 86, 87.

> Hand, bat sie, leise zu reden, da man uns nicht hören dürfe, und sah in ihr schönes, volles Gesicht hinab, das fremd und wunderbar wie eine große Blume da auf meinem Kissen lag. Langsam zog sie meine Hand an ihren Mund, zog sie unter die Decke und legte sie auf ihre warme, still atmende Brust. [...] Ich küsste sie auf Augen, Mund, Hals und Brüste. Eben noch hatte ich an Hermine gedacht, bitter und mit Vorwürfen. Nun hielt ich ihr Geschenk in Händen und war dankbar. Die Liebkosungen Marias taten der wunderbaren Musik nicht weh, die ich heute gehört hatte, sie waren ihr würdig und ihre Erfüllung. Langsam zog ich die Decke von der schönen Frau, bis ich mit meinen Küssen zu ihren Füßen gelangt war. Als ich mich zu ihr legte, lächelte ihr Blumengesicht mich allwissend und gütig an.[120]

Nicht weniger sinnlich sind die Schilderungen der Erlebnisse Goldmunds mit Lise oder mit Agnes:

> Langsam nur ließ er sich vom Duft und der Wärme seiner Geliebten anziehen und bezaubern, erwiderte je und je das Streicheln ihrer Hände und fühlte beglückt, wie sie neben ihm allmählich zu erglühen begann und sich näher und näher zum ihm schob. Nein, hier waren weder Worte noch Gedanken vonnöten. Deutlich fühlte er alles, was wichtig und schön war, die Jugendkraft und einfache gesunde Schönheit des Frauenleibes, sein Warmwerden und Begehren; deutlich auch fühlte er, dass sie diesmal anders geliebt zu werden wünsche als beim ersten Mal, dass sie diesmal ihn nicht verführen und belehren, sondern sein Angreifen und seine Begierde erwarten wolle. Still ließ er die Ströme durch sich hingehen, glücklich empfand er das lautlose stillwachsende Feuer, das in ihnen beiden lebendig war und das ihre kleine Lagerstätte zur atmenden und glühenden Mitte der ganzen schweigenden Welt machte. (S. 89, 91)

> Leise zog er ihr den weißen Pelz vom Halse und schmeichelte ihr die Kleider vom Leibe. Mochten draußen die Höflinge und Pfaffen ihre Beratungen abhalten, mochten die Diener schleichen und der dünne Sichelmond vollends hinter die Bäume hinabschwimmen, die Liebenden wussten nichts davon. Ihnen blühte das Paradies, zueinander gezogen und ineinander verschlungen verloren sie sich in seine duftende Nacht, sahen seine weißen Blumengeheimnisse dämmern, pflückten mit zärtlichen und dankbaren Händen seine ersehnten Früchte. Noch nie hatte der Spielmann auf einer solchen Laute gespielt, noch nie hatte die Laute unter so starken und kundigen Fingern geklungen. „Goldmund", flüsterte sie ihm glühend ins Ohr, „oh, was bist du für ein Zauberer! Von dir, du süßer Goldfisch, möchte ich ein Kind haben. Und noch

---

120 *Steppenwolf*. S. 176, 177.

> lieber möchte ich an dir sterben. Trink mich aus Geliebter, schmilz mich, töte mich!" Tief in seiner Kehle summte ein Ton des Glückes, als er die Härte in ihren kühlen Augen hinschmelzen und schwach werden sah. Wie ein zärtliches Zittern und Sterben flog der Schauer in der Tiefe ihrer Augen vorüber, erlöschend wie der Silberschauder auf der Haut eines sterbenden Fisches, mattgolden wie das Aufblinken jener Zauberschimmer tief im Flusse. Alles nur irgend dem Menschen erlebbare Glück schien ihm in diesen Augenblick zusammengeronnen. (S. 254)

Angesicht dieser detaillierten Schilderungen des intensiven Empfindens des Liebesaktes kann zumindest für die Romanhelden Haller und Goldmund die Charakterisierung Kleines nicht gelten. Ein „Beigeschmack" ist hier nicht zu erkennen, vielmehr werden die Situationen erotisch-sinnlicher Begegnung in einem durchaus liebe- und respektvollen Tonfall beschrieben. Die aufgezeigte Ausführlichkeit der Darstellung dieser Momente widerspricht zudem der Feststellung einer „kühlen Sexualablehnung".

Auch kann der Bemerkung von Decloedt, dass sich Goldmund „viel mehr von den Frauen lieben und verwöhnen ließ, als dass er die Liebe suchte und begehrte"[121] nur bedingt zugestimmt werden. Lydia nämlich, die Tochter des wohlhabenden Ritters, bei dem Goldmund für geraume Zeit Obdach findet, liebt er tatsächlich, während er ihre schönere und jüngere Schwester, Julie, lediglich begehrt:

> Anfangs hatte er beide Schwestern mit denselben Augen angeschaut, hatte beide begehrenswert, Julie aber schöner und verführenswerter gefunden, hatte unterschiedlos um beide geworben und beide stets im Auge behalten. Und jetzt hatte Lydia diese Macht über ihn gewonnen! Jetzt liebte er sie so sehr, dass er sogar auf ihren völligen Besitz aus Liebe verzichtete. Ihre Seele war ihm bekannt und lieb geworden, in ihrer Kindlichkeit, Zärtlichkeit und ihrer Hinneigung zur Traurigkeit schien sie seiner eigenen ähnlich [...] (S. 125)

2.2.4.3 Versöhnung durch Kunst

Die Gefühle, die Goldmund für Lydia entwickelt, veranlassen ihn schließlich zum ersten Mal, Kunst zu schaffen:

> [...] oft war er tief erstaunt und entzückt darüber, wie sehr diese Seele ihrem Leibe entsprach; sie konnte etwas tun, etwas sagen, einen Wunsch oder ein Urteil äußern, und ihr Wort und die Hal-

121 Leopold R. G. Decloedt: Hesses „Steppenwolf": mehr als eine reine Autobiographie. In: Germanistische Mitteilungen 29 (1989). S. 31.

tung ihrer Seele war vollkommen nach derselben Form geprägt wie der Schnitt ihrer Augen und die Bildung ihrer Finger!

> Diese Augenblicke, in denen er die Grundformen und Gesetze zu sehen glaubte, nach denen ihr Wesen, Seele wie Leib, gestaltet war, hatten in Goldmund öfters die Lust erweckt, etwas von dieser Gestalt festzuhalten und nachzubilden, und er hatte auf einigen Blättern, die er sehr geheim hielt, Versuche gemacht, mit Federstrichen den Umriss ihres Kopfes, die Linie ihrer Brauen, ihre Hand, ihr Knie aus dem Gedächtnis zu zeichnen. (S. 125)

Als der Vater der Schwestern schließlich erfährt, was seine Töchter für Goldmund empfinden und was dieser für sie empfindet, jagt er Goldmund von seinem Hof. Goldmund muss nach dieser Zeit der Sesshaftigkeit nun wieder auf Wanderschaft gehen und sich den Erfordernissen des Lebens in der freien Natur anpassen. Er nimmt dabei, wie schon zuvor, die Laufart eines Tieres an: „Während des langen Trabens übers leere Gefild vergingen ihm die Gedanken“ (S. 134). Hier findet sich eine Parallele zum Steppenwolf, der ebenfalls diese Laufart hat[122]: „Ich Steppenwolf trabe und trabe,/ Die Welt liegt voll Schnee [...]“.[123]

Diese Analogie scheint nicht zufällig zu sein: Nachdem Goldmund den Vaganten Viktor getötet hat (sein erster von insgesamt zwei Totschlägen in Notwehr), ist erneut die Rede davon, dass Goldmund „durchs beschneite dürre Heidekraut trabte“ (S. 146). Somit wird das Bild des Wolfes im *Steppenwolf* wie in *Narziß und Goldmund* dann eingesetzt, wenn das Natürliche, das Kreatürliche im Menschen aufgezeigt werden soll.[124]

Genau in der Mitte des Romans beginnt ein neuer Lebensabschnitt für Goldmund: Als er in einer Kirche die vom Meister Niklaus geschnitzte Mutter Gottes sieht, ist er zutiefst berührt und spürt so etwas wie eine Berufung[125]:

> Seit jenem Augenblick vor der süßen, heiligen Figur aus Holz besaß Goldmund etwas, was er noch nie besessen, was er an andern so oft belächelt oder beneidet hatte: ein Ziel! Er hatte ein Ziel, und vielleicht würde er es erreichen, und vielleicht würde dann sein ganzes zerfahrenes Leben einen hohen Sinn und Wert bekommen. (S. 156)

---

122 Vgl. Nicolai, R.: Hesses „Narziß und Goldmund“. Kommentar und Deutung. S. 118.

123 *Steppenwolf*. S. 87.

124 Vgl. Nicolai, R.: Hesses „Narziß und Goldmund“. Kommentar und Deutung. S. 123.

125 Vgl. Nicolai, R.: Hesses „Narziß und Goldmund“. Kommentar und Deutung. S. 133.

Eine entscheidende Hilfe in seiner weiteren Entwicklung erhält Goldmund von diesem Meister Niklaus, der ihn das Handwerk der Schnitzkunst lehrt. Ohne diese Ausbildung hätte Goldmund sein Talent gar nicht erst zur Kunstfertigkeit bringen können.

Niklaus hat durchaus ebenfalls das Geschick eines Künstlers, er hat die geschnitzte Madonna geschaffen, welche Goldmund letztendlich von seiner eigenen Berufung überzeugt. Doch der Meister führt nun ein gutbürgerliches Leben mit allen dazugehörigen Annehmlichkeiten und Einschränkungen, das er Goldmund ebenfalls bietet:

> Neben dem Künstler, der jene Mutter Gottes mit dem schmerzlichsten und schönsten Munde geschnitzt hatte, neben dem Seher und Wissenden, dessen Hände tiefe Erfahrungen und Ahnungen zu sichtbaren Gebilden umzuzaubern vermochten, wohnte in Meister Niklaus noch ein zweiter: ein etwas strenger und ängstlicher Hausvater und Zunftmeister, ein Witwer, der mit der Tochter und einer hässlichen Magd ein stilles und etwas geducktes Leben in seinem stillen Hause führte, ein Mann, der sich gegen Goldmunds stärkste Triebe heftig wehrte, der sich in ein stilles, gemäßigtes, sehr geordnetes und anständiges Leben bequemt hatte. (S. 170)

Die von Narziß und Goldmund personifizierten Gegensatzpole fließen in der Person des Meister Niklaus zusammen, an ihr wird zugleich deutlich, wie wenig diese Gegensätze in einem Menschen zur Synthese gebracht werden können.[126] Die bürgerliche Anständigkeit ist bei Niklaus zu einem großen Teil an den Schein gebunden. So beobachtet Goldmund, „dass hinter der strengen und frühalten Enthaltsamkeit des Witwers noch lebendige Triebe spielten […]“ (S. 170), die sich bisweilen auf Reisen des Meisters entladen. Nach dem Besuch einer käuflichen Dirne ist Niklaus anschließend tagelang unruhig und böser Laune (S. 170), was zeigt, dass sein Gewissen mit Zwang seine Naturtriebe kontrolliert, was jedoch nicht immer gelingt.[127]

Goldmund muss eine gewisse Zeit ebenfalls dieses bürgerliche Leben führen, damit er sich seinem Werk widmen kann. Dabei macht ihm der gefühlte Widerspruch zu schaffen, dass man, um Kunst schaffen zu können, zwar aus dem Fundus seiner Erfahrungen schöpfen, aber gleichzeitig für die Dauer des Schaffens sesshaft sein muss. Ohne Arbeit, Geduld und Materialien, also ohne ein gewisses Maß an Sesshaftigkeit, ist die Kunst nicht zu haben.

---

126 Ebd. S. 136.

127 Vgl. Nicolai, R.: Hesses „Narziß und Goldmund“. Kommentar und Deutung. S. 141.

> Aber die Kunst war kein reines Geschenk, sie war keineswegs umsonst zu haben, sie kostete sehr viel, sie verlangte Opfer. Mehr als drei Jahre lang hatte Goldmund ihr das Höchste und Unentbehrlichste geopfert, was er nächst der Liebeswollust kannte: die Freiheit. (S. 179)

Letztendlich ist die Sesshaftigkeit auf Dauer für ihn nicht zu ertragen. Er vollendet sein Kunstwerk, eine Holzfigur des Jüngers Johannes, in der er die Züge seines früheren Freundes Narziß widerspiegelt, und fühlt sich anschließend leer: „Sollte er jetzt wieder Engelsfigürchen polieren und Ornamente schnitzen?" (S. 182). Goldmund brüskiert den Meister, als der ihm das ausgesprochen großzügige Angebot macht, ihn zum Meister, Mitarbeiter und Schwiegersohn zu machen, und entscheidet sich für seine Freiheit und geht wieder seine Wege (S. 197-200).

Hallers tief greifende Ablehnung der bürgerlichen Welt findet eine Entsprechung bei Goldmund. Die Selbstzufriedenheit und den Wohlstand der Sesshaften lehnt Goldmund für sich wegen ihres emotionalen und geistigen Stillstands, wegen ihrer Leere, Kleinlichkeit und Sattheit ab. Es ist nicht die Welt Goldmunds, er wird kein zweiter künstlerisch verkrüppelter und verbitterter Meister Niklaus.[128] Hätte Goldmund gegen seine Natur, gegen seine Bestimmung, gehandelt, wäre er dauerhaft sesshaft geworden, wie es ihm Meister Niklaus mit großzügigen Angeboten schmackhaft machen wollte, dann wäre bei ihm nie wieder der „Schaum des Augenblicksglückes"[129] hoch und blendend aufgespritzt, dann hätte er nicht später im Kloster weitere Kunstwerke schaffen können.

Das Erschaffen von Kunst geschieht für Goldmund in einer Art meditativem Akt, ohne Freude oder Trauer. Als er das Abbild von Narziß in der Figur des Jüngers Johannes erzeugt, erscheint es ihm, als wäre es Narziß, „der sich seiner Künstlerhände bediente, um aus der Vergänglichkeit und Veränderlichkeit des Lebens herauszutreten und das reine Bild seines Wesens darzustellen" (S. 174).

Für ihn sind nur diese Seelenbilder echte Kunstwerke. Daneben gibt es solche, die zwar auf einer gewissen Kunstfertigkeit und Geschicklichkeit beruhen, aber für Goldmund letztendlich nur Spielereien sind:

> Auf diese Art, fühlte Goldmund manchmal mit einem Schauder, entstanden die echten Werke. So war des Meisters unvergessliche Madonna entstanden, die er seitdem an manchem Sonntag im Kloster wieder aufgesucht hatte. So, auf diese geheimnisvolle und heilige Art, waren die paar besten von jenen alten Figuren ent-

---

128 Vgl. Mileck, J.: Dichter. Sucher. Bekenner. S. 231, 232.

129 *Steppenwolf.* S. 59.

> standen, die der Meister oben in der Diele stehen hatte. So würde einst auch jenes Bild entstehen, jenes andere, jenes einzige, das ihm noch geheimnisvoller und ehrwürdiger war, das Bild der Menschenmutter. Ach, dass aus Menschenhänden doch einzig solche Kunstwerke hervorgehen möchten, solche heilige, notwendige, von keinem Wollen und keiner Eitelkeit befleckte Bilder! Aber es war nicht so, er wusste es längst. Man konnte auch andere Bilder schaffen, hübsche und entzückende Sachen, mit großer Meisterschaft gemacht, die Freude der Kunstliebhaber, der Schmuck der Kirchen und Ratssäle - schöne Dinge, ja, aber nicht heilige, nicht echte Seelenbilder. (S. 174)

Goldmund spürt zwar zu seiner Beschämung auch bisweilen das Interesse, „aus Lust am eigenen Können, aus Ehrgeiz, aus Tändelei" (S. 174), solchen Schmuck zu machen, doch sein Künstlerideal hält ihn davon ab: „Für ihn waren Kunst und Künstlerschaft wertlos, wenn sie nicht brannten wie Sonne und Gewalt hatten wie Stürme, wenn sie nur Behagen brachten, nur Angenehmes, nur kleines Glück" (S. 175).

Während seiner Wanderjahre wird sich Goldmund immer mehr des belastenden Zwiespalts in ihm bewusst, der aus der Dichotomie auf der Welt mit ihren zahllosen Polaritäten resultiert: Der Mensch ist männlich oder weiblich, leidenschaftlich oder asketisch, Träumer oder Denker, Denker oder Künstler, Bürger oder Vagabund, ist gefangen zwischen Sinnlichkeit und Geist, zwischen Böse und Gut, zwischen Freude oder Leid und Liebe oder Hass. Wegen dieses vermeintlichen Fehlers in Gottes Schöpfung ist das Leben ein frustrierendes Entweder-Oder und nie ein erfülltes, gleichzeitiges Erleben seiner vielfältigen Möglichkeiten[130]:

> Es schien alles Dasein auf der Zweiheit, auf den Gegensätzen zu beruhen; man war entweder Frau oder Mann, entweder Landfahrer oder Spießbürger, entweder verständig oder gefühlig - nirgends war Einatmen und Ausatmen, Mannsein und Weibsein, Freiheit und Ordnung, Trieb und Geist gleichzeitig zu erleben, immer musste man das eine mit dem Verlust des anderen bezahlen, und immer war das eine so wichtig und begehrenswert wie das andere! (S. 259)

Der Umstand, dass sowohl Geist als auch Sinnlichkeit in ihm angelegt sind, führt zu einer Spannung, die den künstlerischen Schaffensprozess erst auslöst.[131] Goldmund ahnt in der Kunst die Vereinigung von väterli-

---

130 Vgl. Mileck, J.: Dichter. Sucher. Bekenner. S. 223.

131 Vgl. Nicolai, R.: Hesses „Narziß und Goldmund". Kommentar und Deutung. S. 163.

cher und mütterlicher Welt, von Geist und Blut.[132] Goldmund will den Bildern, die sich ihm im dionysischen Lebensgefühl darbieten, eine Form geben und die verschwindenden Eindrücke festhalten, er will „[...] den holden dahintreibenden Unsinn des Lebens durch Geist [...] beschwören und in Sinn [...] verwandeln" (S. 203). Er folgt somit zwar grundsätzlich einem ähnlichen Ziel wie der sinnsetzende sesshafte Bürger, aber seine Motivation ist eine andere: Der im Triebhafte wurzelnde Unsinn soll nicht durch den Geist unterdrückt, sondern zum letzten Sinn erhöht werden[133]:

> In der Kunst und im Künstlersein lag für Goldmund die Möglichkeit einer Versöhnung seiner tiefsten Gegensätze, oder doch eines herrlichen, immer neuen Gleichnisses für den Zwiespalt seiner Natur. (S. 179)

Korrespondierend mit seiner Abkehr von der väterlichen, geistigen Welt hin zur mütterlichen, natürlichen wendet sich der ehemalige Klosterschüler Goldmund vom Gottvater ab und der Urmutter zu:

> Lieber Gott, warum hast du uns so geschaffen, warum führst du uns solche Wege? Sind wir nicht deine Kinder? [...] Ich bin irr an dir geworden, Gottvater, du hast die Welt übel geschaffen, schlecht hältst du sie in Ordnung. Ich habe Häuser und Gassen voll von Toten liegen sehen, ich habe gesehen, wie die Reichen sich in ihren Häusern verschanzt haben oder geflohen sind und wie die Armen ihre Brüder unbegraben haben liegenlassen, wie sie einer den anderen verdächtigt und die Juden wie Vieh totgeschlagen haben. Ich habe so viele Unschuldige leiden und untergehen sehen und so viele Bösen im Wohlleben schwimmen. Hast du uns denn ganz vergessen und verlassen, ist dir deine Schöpfung ganz entleidet, willst du uns alle zugrunde gehen lassen? (S. 238)

---

132 Diesen Ansatz kennen wir spätestens seit Friedrich Schillers „Über die ästhetische Erziehung des Menschen in einer Reihe von Briefen" (1795). Auch Schiller sieht in der Kunst das Mittel, Geistiges und Sinnliches zu versöhnen. Beide Prinzipien sind demnach zugleich subordiniert und koordiniert, das heißt sie stehen in Wechselwirkung. Über diese gegensätzlichen Sphären „zu wachen und einem jeden dieser beiden Triebe seine Grenzen zu sichern, ist die Aufgabe der Kultur, die also beiden eine gleiche Gerechtigkeit schuldig ist und nicht bloß den vernünftigen Trieb gegen den sinnlichen, sondern auch diesen gegen jenen zu behaupten hat", heißt es etwa im 13. Brief (Zit. nach: Die deutsche Literatur in Text und Darstellung. Klassik. Hrsg. von Gabriele Wirsich-Irwin. Stuttgart: Reclam 1998. S. 67, 68).

133 Vgl. Nicolai, R.: Hesses „Narziß und Goldmund". Kommentar und Deutung. S. 163.

In der Urmutter wähnt Goldmund die Gegensätze der Welt, die sonst unvereinbar sind, in Frieden vereint: Geburt und Tod, Güte und Grausamkeit, Leben und Vernichtung. Irgendwann würde er, so hofft er, in der Gestalt der Eva-Mutter dieses Doppelgesicht am deutlichsten zeigen.[134]

> Es war das Gesicht der Mutter. Dies Gesicht war schon seit langer Zeit nicht mehr dasselbe, wie es ihm einst, nach den Gesprächen mit Narziß, aus verlorenen Erinnerungstiefen wieder erschienen war. In den Tagen der Wanderung, in den Liebesnächten, in den Zeiten der Sehnsucht, den Zeiten der Lebensgefahr und Todesnähe hatte sich das Muttergesicht langsam verwandelt und bereichert, war tiefer und vielfältiger geworden; es war nicht mehr das Bild seiner eigenen Mutter, sondern aus dessen Zügen und Farben war nach und nach ein nicht mehr persönliches Mutterbild geworden, das Bild einer Eva, einer Menschenmutter. (S. 172)

Dieses innere Bild Goldmunds ist ständiger Wandlung unterworfen, es trägt die Züge aller Frauen, die in seinem Leben wichtig geworden waren. Alle Erfahrungen und Erschütterungen des Wanderers, „die Lebenswollust in ihrer innigen Verwandtschaft mit dem Schmerz und dem Tode“ (S. 173) sind darin erhalten: „Denn diese Gestalt, wenn es ihm später einst gelänge, sie sichtbar zu machen, sollte ja nicht eine bestimmte Frau darstellen, sondern das Leben selbst als Urmutter.“ (S. 172). Dieses Bild umfasst auch das hässliche Antlitz des Todes, angesichts der um sich greifenden Pest erscheint Goldmund das Bild der ewigen Mutter als „ein bleiches Riesegesicht mit Medusenaugen, mit einem schweren Lächeln voll Leid und Tod“ (S. 213).

Mit beinahe dem gleichen Interesse, mit dem Goldmund das Triebhafte der Frauen verfolgt, beobachtet er den Prozess des Sterbens, der zur Zeit der Pest überall um ihn herum in den verschiedensten Formen stattfindet[135]:

> [...] eine ungeheure Neugierde trieb ihn und hielt ihn wach; er war unermüdlich, dem Schnitter zuzusehen, das Lied der Vergänglichkeit zu hören, nirgends wich er aus, überall ergriff ihn dieselbe stille Leidenschaft, dabei zu sein und mit wachen Augen den Gang durch die Hölle zu tun. (S. 231)

Goldmund kann den Gedanken an die eigene Vergänglichkeit möglicherweise akzeptieren, aber nicht die Tatsache, dass seine Erfahrungen und Erlebnisse mit ihm einst vergehen würden.

---

134 Vgl. Martin Pfeifer: Erläuterungen zu Hermann Hesse „Narziss und Goldmund“. 7. Auflage. Hollfeld: Bange 1992. S. 52, 53.

135 Vgl. Nicolai, R.: Hesses „Narziß und Goldmund“. Kommentar und Deutung. S. 174.

> Gab es denn keine Macht, keinen Zauber, diese kostbaren Blüten zu retten? Ja, es gab einen solchen Zauber: dass sie in seiner Seele weiterlebten und von ihm gestaltet und aufbewahrt würden. Mit Schrecken und mit Entzücken fühlte er, wie voll von Bildern seine Seele war, wie dies lange Wandern durch das Todesland ihn mit Figuren vollgeschrieben hatte. O wie spannte diese Fülle in seinem Inneren, wie sehnlich verlangte ihn danach, sich still auf sie zu besinnen, sie abströmen zu lassen und in bleibende Bilder zu verwandeln! (S. 236)

Eine Lösung für dieses Dilemma erkennt er in der Kunst, auch wenn ihm, nach dem Verlassen der Werkstatt des Meisters Niklaus, dafür zunächst noch keine Mittel zur Verfügung stehen:

> Vielleicht, dachte er, ist die Wurzel aller Kunst und vielleicht auch alles Geistes die Furcht vor dem Tode. Wir fürchten ihn, wir schauern vor der Vergänglichkeit, mit Trauer sehen wir immer wieder die Blumen welken und die Blätter fallen und spüren im eigenen Herzen die Gewissheit, dass auch wir vergänglich sind und bald verwelken. Wenn wir nun als Künstler Bilder schaffen oder als Denker Gesetze suchen und Gedanken formulieren, so tun wir es, um doch irgend etwas aus dem großen Totentanz zu retten, etwas hinzustellen, was längere Dauer hat als wir selbst. (S. 164)

> Es war die Überwindung der Vergänglichkeit. Ich sah, dass aus dem Narrenspiel und Totentanz des Menschenlebens etwas übrigblieb und überdauerte: die Kunstwerke. Auch sie vergehen ja wohl irgendeinmal, sie verbrennen oder verderben oder werden wieder zerschlagen. Aber immerhin überdauern sie manches Menschenleben und bilden jenseits des Augenblicks ein stilles Reich der Bilder und Heiligtümer. Daran mitzuarbeiten scheint mir gut und tröstlich, denn es ist beinahe ein Verewigen des Vergänglichen. (S. 282, 283)

Bei diesem Sieg über den Tod handelt es sich nicht um ein *Überleben*, also nicht um einen Aspekt individueller Unsterblichkeit, sondern um ein *Überdauern* der hinsterbenden Menschengeschlechter durch das auf seinen Schöpfer, den Künstler, zurückweisende Werk.[136]

Der Gedanke der Überwindung der Vergänglichkeit in den Werken der Kunst taucht auch im *Steppenwolf* auf, die Erschaffer beinahe unvergänglicher Kunstwerke wie Goethe und Mozart sind für Haller zu „Unsterblichen" geworden.

---

136 Vgl. Nicolai, R.: Hesses „Narziß und Goldmund". Kommentar und Deutung. S. 181.

Der Tod ist für Goldmund Teil des femininen Prinzips, ein Aspekt der Eva-Mutter[137]:

> Tod und Wollust waren eines. Die Mutter des Lebens konnte man Liebe oder Lust nennen, man konnte sie auch Grab und Verwesung nennen. Die Mutter war Eva, sie war die Quelle des Glücks und die Quelle des Todes, sie gebar ewig, tötete ewig, in ihr waren Liebe und Grausamkeit eins, und ihre Gestalt wurde ihm zum Gleichnis und heiligen Sinnbild, je länger er sie in sich trug. (S. 178)

Die Vorstellung der Urmutter als Quelle sowohl von Liebe als auch von Tod wird gegen Ende der Handlung in der Person von Agnes versinnbildlicht.[138] Als Goldmund diese Geliebte des gräflichen Statthalters entdeckt, will er sich „mit diesem stolzen Weib" (S. 249) messen „und auf dem Weg zu ihr den Hals zu brechen, hätte ihm kein übler Tod geschienen" (S. 249). Agnes lässt ihn entsprechend wissen, dass sie nur Männer lieben kann, „die im Notfall ihr Leben daran wagen" (S. 251), ein Tatbestand, der durch Goldmunds spätere Entdeckung und Verurteilung Bestätigung findet.[139] Diese Vereinigung von Gegensätzen wird noch deutlicher, als Agnes beim Liebespiel mit Goldmund einerseits den Wunsch äußert: „Von dir, du süßer Goldfisch, möchte ich ein Kind haben" (S. 254) und andererseits ihn auffordert: „Trink mich aus, Geliebter, schmilz mich, töte mich!" (S. 254). Ihr Liebesspiel endet schließlich mit der Beobachtung durch Goldmund: „Wie ein zärtliches Zittern und Sterben flog der Schauer in der Tiefe ihrer Augen vorüber, erlöschend wie der Silberschauer auf der Haut eines sterbenden Fisches" (S. 254).[140]

Die Begegnung mit Agnes ist für Goldmund sowohl Höhepunkt als auch das Ende einer den Kreis schließenden Reise, zum einen, weil sie sie zur Zusammenführung mit Narziß überleitet, zum anderen, weil Agnes' „hohe Gestalt und blonde lachende Lebensfülle ihn an das Bild seiner Mutter erinnerte, wie er es damals, als Knabe in Mariabronn, im Herzen getragen hatte" (S. 252).[141] Bei dem späteren Wiedersehen mit Narziß kommt es zur Wiedervereinigung von Geist (Narziß) und Natur (Goldmund), diese Vereinigung wird beim heimlichen Zusammensein von Agnes und Goldmund vorweggenommen: Als Agnes und Goldmund beisammen liegen, befindet sich zeitgleich und in räumlicher Nähe „eine Abordnung von Geistlichen beim Grafen" (S. 253), zu der auch (was

137 Ebd. S. 176.

138 Ebd. S. 191.

139 Ebd.

140 Ebd. S. 194.

141 Vgl. Nicolai, R.: Hesses „Narziß und Goldmund". Kommentar und Deutung. S. 192.

Goldmund freilich nicht ahnt) Narziß gehört. Der Vergeistigung in den gräflichen Räumen steht somit ein Versinken in der Erotik im Gemach der Agnes gegenüber.[142]

Goldmund hat sich zwar schon lange mit dem Todesgedanken ausgesöhnt, doch als er, vom Grafen entdeckt, in der Zelle auf seine Hinrichtung wartet, ist es ihm nicht möglich, sich mit seinem bevorstehenden Tod abzufinden, da dieser kein natürlicher, sondern ein von einem fremden Menschen verfügter ist.[143] Goldmund wird sich bewusst, dass er am nächsten Tag nicht mehr Teil der sinnlichen Welt sein wird:

> [...] und alles ging weiter, alle Bäume legten ihre Schatten neben sich, alle Menschen blickten froh oder traurig aus ihren lebendigen Augen, die Hunde bellten, die Kühe brüllten in den Ställen der Dörfer, und alles ohne ihn, alles gehörte ihm nicht mehr, von allem war er weggerissen. (S. 266, 267)

Wenn er selbst vergangen ist, wird er auch nicht mehr seinen Erlebnissen eine dauerhafte Form durch die Kunst geben können: „Ach, und das Papier und der Zeichenstift, und die Hoffnung auf alle die Figuren, die er noch hatte machen wollen! Dahin, dahin!“ (S. 266). Die Tatsache, dass er sich angesichts des bevorstehenden Todes darüber Gedanken macht, verdeutlicht, wie ausgeprägt sein künstlerisches Selbstverständnis inzwischen ist.

In höchster Not ruft er nach seiner Mutter, welche ihm „aus der Tiefe seiner Erinnerung“ antwortet (S. 267). „Es war nicht die Muttergestalt seiner Gedanken und Künstlerträume, es war das Bild seiner eigenen Mutter, schön und lebendig, wie er es seit den Klosterzeiten nie mehr gesehen hatte“ (S. 267). Der Kreis schließt sich hier, denn es war ihr Bild, welches seinen Abschied aus dem Kloster begleitete, und nun, da er sie wieder vor Augen hat, kehrt er gedanklich wieder ins Kloster zurück.

Dies korrespondiert mit dem rettenden Erscheinen von Narziß am nächsten Tag, welcher erfolgreich um Goldmunds Freilassung gehandelt hat. Narziß war mitverantwortlich dafür, dass Goldmund das Kloster verließ, und ist nun wesentlich beteiligt an seiner Rückkehr.[144]

Auf dem Weg zurück ins Kloster hat Goldmund eine Vision, er glaubt einen höheren Sinn in seinem Leben zu erkennen und sieht es in drei große Stufen aufgeteilt: „[...] die Abhängigkeit von Narziß und ihre Lösung – die Zeit der Freiheit und des Wanderns – und die Rückkehr,

---

142 Ebd.

143 Ebd. S. 202.

144 Vgl. Nicolai, R.: Hesses „Narziß und Goldmund“. Kommentar und Deutung. S. 203.

die Einkehr, den Beginn der Reife und der Ernte" (S. 284). Diese Vision entspricht Goldmunds Erkenntnis, dass er Narziß gegenüber gleichwertig ist, zumal Narziß in ihm „den Ebenbürtigen" (S. 284) erkannt hatte.[145] Gegen Ende der Handlung wird also deutlich, dass der von Goldmund eingeschlagene Lebensweg, sein Lebensentwurf, nicht besser oder schlechter ist als der von Narziß.

Wie sehr Goldmund inzwischen durch und durch Künstler geworden ist, zeigt sich darin, wie er das Kloster nach seiner Rückkehr betrachtet:

> Er sah und fühlte die Maße dieser Bauten, die Gewölbe der Kirche, die alten Malereien, die steinernen und hölzernen Figuren auf den Altaren, in den Portalen, und obwohl er nichts sah, was nicht auch damals schon an seinem Ort gewesen wäre, sah er doch erst jetzt die Schönheit dieser Dinge und den Geist, der sie geschaffen hatte. (S. 289)

Doch in ihm sind immer noch Zweifel daran vorhanden, dass sein Wesen dem des Narziß gleichwertig ist. Narziß versucht, diese Zweifel endgültig auszuräumen:

> Höre zu: der Denker versucht das Wesen der Welt durch die Logik zu erkennen und darzustellen. Er weiß, dass unser Verstand und sein Werkzeug, die Logik, unvollkommene Instrumente sind - ebenso wie ein kluger Künstler recht wohl weiß, dass sein Pinsel oder Meißel niemals vollkommen das strahlende Wesen eines Engels oder Heiligen wird ausdrücken können. Dennoch versuchen es beide, der Denker wie der Künstler, auf ihre Weise. Sie können und dürfen nicht anders. Denn indem ein Mensch mit den ihm von Natur aus gegebenen Gaben sich zu verwirklichen versucht, tut er das Höchste und einzig Sinnvolle, was er kann. (S. 292)
>
> Das vollkommene Sein ist Gott. Alles andere, was ist, ist nur halb, ist teilweise, es ist werdend, ist gemischt, besteht aus Möglichkeiten. Gott aber ist nicht gemischt, er ist eins, er hat keine Möglichkeiten, sondern ist ganz und gar Wirklichkeit. Wir aber sind vergänglich, wir sind werdend, wir sind Möglichkeiten, es gibt für uns keine Vollkommenheit, kein völliges Sein. Dort aber, wo wir von der Potenz zur Tat, von der Möglichkeit zur Verwirklichung schreiben, haben wir teil am wahren Sein, werden dem Vollkommenen und Göttlichen um einen Grad ähnlicher. Das heißt sich verwirklichen. (S. 293)

Das, was Narziß (als Mann des Geistes) versucht in Worte zu fassen, setzt Goldmund letztendlich durch die Tat um: Im Kloster arbeitet Goldmund an einem weiteren Kunstwerk, einer hölzernen Vorleseempo-

---

145 Ebd. 214.

re aus zwei Teilen, welche die beiden Aspekte der Schöpfung, nämlich Natur und Geist verkörpern: „[...] von den beiden Teilen, aus denen das Werk bestand, sollte der eine die Welt, der andere das göttliche Wort darstellen" (S. 298). Goldmund arbeitet leidenschaftlich daran, er wirbt, seiner Natur entsprechend[146], „um das Werk entzückt und verzweifelt wie um eine spröde Frau [...]" (S. 298).

Als er Narziß einen Teil davon zeigt - die Figur eines Evangelisten, welche die Züge des alten Abtes Daniel trägt - erfolgt ein „Brückenschlag vom Intellekt zum Herzen"[147]. Goldmund sieht in dem Gesicht des sonst so asketischen und disziplinierten Narziß „etwas blühen, das ihm seit den Knabenjahren nicht mehr geblüht hatte: ein Lächeln, ein beinah schüchternes Lächeln in diesem Gesicht voll Geist und Willen, ein Lächeln der Liebe und Hingabe [...]" (S. 303).

Die im Kloster von Goldmund geschaffenen Werke - zuerst die Vorleseempore, später die Lydia-Maria-Figur - führen zu einer Gesinnungsänderung bei Narziß. Es erfolgt eine Annäherung der Freunde mittels der Kunst, die Goldmund erschafft und Narziß, obwohl er ein Mann des Geistes ist, bewundert. So wie Goldmund einst in seiner Jugend von Narziß lernte, ist es nun umgekehrt: „Ich lerne viel von dir, Goldmund. Ich beginne zu verstehen, was Kunst ist. [...] Jetzt erst sehe ich, wie viele Wege zur Erkenntnis es gibt und dass der Weg des Geistes nicht der einzige und vielleicht nicht der beste ist." (S. 305).

Es ist das Gefühl der Leere nach der Vollendung der Lydia-Maria-Figur, welches Goldmund das Kloster wieder verlassen lässt:

> Dass diese Figur gut geworden ist, dazu war meine ganze Jugend nötig, meine Wanderschaft, meine Verliebtheit, mein Werben um viele Frauen. Das ist der Brunnen, aus dem ich geschöpft habe. Der Brunnen wird bald leer sein, es wird mir dürr im Herzen. (S. 310)

Während der erneuten Wanderschaft Goldmunds erfolgt ein Wechsel der Perspektive auf die Selbstzweifel, die Gefühle und die Neuorientierung von Narziß[148]: „War der Mensch wirklich dazu geschaffen, ein geregeltes Leben zu führen, dessen Stunden und Verrichtungen die Betglocken anzeigten? (S. 313)" Diese Zweifel an seinem eigenen Lebensentwurf, diese Erschütterung, wie er sie einst selbst bei Goldmund hervorgerufen hat, entstehen wortlos, ohne Aufklärungen und Ermahnungen

146 Vgl. Nicolai, R.: Hesses „Narziß und Goldmund". Kommentar und Deutung. S. 228.

147 Ebd. S. 231.

148 Vgl. Nicolai, R.: Hesses „Narziß und Goldmund". Kommentar und Deutung. S. 233.

durch Goldmund, allein durch konkrete Bilder in Form der Kunstwerke.[149] Nicolai weist darauf hin, dass nur ein Buchstabe das *Wandeln* des sesshaften Narziß von dem *Wandern* des nomadenhaften Goldmund unterscheidet[150]:

> […] es war am Ende wohl auch mutiger und größer, sich dem grausamen Strom und Wirrwar zu überlassen […], statt […] sich einen schönen Gedankengarten voll Harmonie anzulegen und zwischen seinen behüteten Beeten sündelos zu wandeln. Es war vielleicht schwerer, tapferer und edler, mit zerrissenen Schuhen durch die Wälder und auf den Landstraßen zu wandern, Sonne und Regen, Hunger und Not zu leiden, mit den Freuden der Sinne zu spielen und sie mit Leiden zu bezahlen. (S. 313)

Die neue innere Ausrichtung von Narziß wird deutlich, als dieser beim Anblick des erneut zurückgekehrten Goldmund, welcher inzwischen von Alter und Krankheit, aber auch von innerem Frieden gezeichnet ist, „bis ins Herz über den Anblick seines Freundes" (S. 319) erschrickt. Narziß betrachtet Goldmund nun nicht mehr mit der Logik des Kopfes, sondern mit dem Empfinden des Herzens.[151] Er hegt zwar Hoffnung, dass in Goldmund doch noch eine Art von geistiger Entfaltung enthalten ist, die ihn selbst in seinem eigenen Lebensentwurf bestätigen würde. Diese Hoffnung kommt in der Frage - unter Verwendung des bestimmten Artikels *den* - zum Tragen, ob Goldmund „jetzt den Frieden gefunden" (S. 324) habe.[152] Goldmund enttäuscht diese Hoffnung jedoch, als er antwortet: „Meinst du den Frieden mit Gott? Nein, den habe ich nicht gefunden. Ich will keinen Frieden mit ihm. Er hat die Welt schlecht gemacht […] Aber mit den Schmerzen in meiner Brust habe ich Frieden geschlossen" (S. 324), wobei bei dieser Form von Frieden der Artikel fehlt.

Goldmund ist nun bereit zu sterben, seine Gedanken sind von diesem Wunsch geprägt. Am Ende seines Lebens zieht er Narziß gegenüber ein Fazit:

> Als Jüngling, als ich noch dein Schüler war, hatte ich den Wunsch, ein so geistiger Mensch zu werden wie du. Du hast mir gezeigt, dass ich nicht dazu berufen war. Dann warf ich mich auf die andere Seite des Lebens, auf die Sinne, und die Frauen haben es mir leicht gemacht, dort meine Lust zu finden, sie sind so willig und so gierig. Doch möchte ich ja nicht verächtlich von ihnen sprechen und auch nicht von der Sinnenlust, ich bin oft sehr

149 Ebd. S. 238.

150 Ebd. S. 181.

151 Ebd. S. 241.

152 Ebd. S. 245.

glücklich gewesen. Und ich habe auch das Glück gehabt zu erleben, dass die Sinnlichkeit beseelt werden kann. Daraus entsteht die Kunst. Jetzt aber sind beide Flammen erloschen. Ich habe das tierische Glück der Wollust nicht mehr - und ich hätte es auch nicht, wenn die Frauen mir noch heute nachliefen. Und Kunstwerke zu schaffen, ist auch nicht mehr mein Wunsch, ich habe genug Figuren gemacht, es kommt auf die Zahl nicht an. Darum ist es für mich Zeit zu sterben. (S. 323)

Goldmund empfindet sein Sterben schließlich als Heimkehr zur Urmutter. Eine entsprechende Formulierung findet sich bei der Beschreibung der Selbstmörder im *Tractat vom Steppenwolf*, „welchen nicht mehr die Vollendung und Ausgestaltung ihrer selbst als Lebensziel erscheint, sondern ihre Auflösung, zurück zur Mutter, zurück zu Gott, zurück ins All".[153] Goldmund hat den lockenden Ruf der Urmutter gehört, als er sich auf seiner letzten Reise die tödliche Verletzung beim Sturz mit seinem Pferd zugezogen hat:

Ich lag, und in meiner Brust tat es brennend weh, und ich wehrte mich und schrie, aber da hörte ich eine Stimme lachen - eine Stimme, die ich seit meiner Jugend nicht mehr gehört hatte. Es war die Stimme meiner Muter, eine tiefe Frauenstimme, voll von Wollust und Liebe. Und da sah ich denn, dass sie es war, dass die Mutter bei mir war und mich auf dem Schoß hatte und dass sie mir die Brust geöffnet und ihre Finger tief in der Brust zwischen meinen Rippen hatte, um mir das Herz herauszulösen. Als ich das gesehen und verstanden hatte, tat es nicht mehr weh. (S. 326)

Es handelt sich dabei um dieselbe Mutter, die in Goldmunds Jugend zu ihm gerufen hatte: „Sie ist überall. Sie war die Zigeunerin Lise, sie war die schöne Madonna des Meisters Niklaus, sie war das Leben, die Liebe, die Wollust, sie war auch die Angst, der Hunger, der Trieb. Jetzt ist sie der Tod, sie hat ihre Finger in meiner Brust" (S. 326). Es war seit Jahren Goldmunds Wunsch, von ihr eine Figur zu machen: „Vor kurzem noch wäre es mir unerträglich gewesen zu denken, dass ich sterben könnte, ohne ihre Figur gemacht zu haben" (S. 327). Doch Goldmund erkennt, dass es wohl nicht sein soll:

Und nun sieh, wie wunderlich es mir mit ihr gegangen ist: statt dass meine Hände sie formen und gestalten, ist sie es, die mich formt und gestaltet. Sie hat ihre Hände um mein Herz und löst es los und macht mich leer, sie hat mich zum Sterben verführt, und mit mir stirbt auch mein Traum, die schöne Figur, das Bild der großen Eva-Mutter. Noch sehe ich es, und wenn ich Kraft in den Händen hätte, könnte ich es gestalten. Aber sie will das nicht, sie

153 *Steppenwolf*. S. 64.

will nicht, dass ich ihr Geheimnis sichtbar mache. Lieber will sie, dass ich sterbe. Ich sterbe gern, sie macht es mir leicht. [...] (S. 327)

Die letzten Worte, die Goldmund an Narziß richtet, lauten: „Aber wie willst du denn einmal sterben, Narziß, wenn du doch keine Mutter hast? Ohne Mutter kann man nicht lieben. Ohne Mutter kann man nicht sterben" (S. 328). Narziß versteht diese Frage aufgrund seines Intellekts, aber noch mehr aufgrund der Lehren, die ihm Goldmund zuletzt vermittelt hat. Da die Mutter das sinnliche Leben verkörpert, bedeutet die Frage mit anderen Worten: Wie will Narziß einst mit seinem Leben versöhnt sterben, wenn er nie zuvor auch Sinnlichkeit erfahren hat? Wie sehr Narziß von dieser Frage erschüttert wird, zeigt der letzte Satz des Romans: „Goldmunds letzte Worte brannten in seinem Herzen wie Feuer."

Während es Goldmund also gelingt, beide in ihm widerstreitenden Kräfte durch die Kunst, die „die Sinnlichkeit beseelt" (S. 323) zu versöhnen, bleibt Narziß voller Fragen und Zweifel zurück. Er hat zeit seines Lebens nur auf seinen Verstand gebaut und die natürlichen Triebe in ihm mühsam unterdrückt. Das Beispiel, welches ihm Goldmund durch seine Person gibt, bringt jedoch seinen Glauben daran, dass sein Lebensentwurf sinnvoll und richtig ist, ins Wanken. Es bleibt allerdings, ähnlich wie bei Harry Haller, offen, ob Narziß sein Leben ändern wird.

2.2.5 Entstehung und Rezeption

Goldmunds Aussöhnung war Hesses höchstes Ideal, welches er selbst niemals erreichte. In Goldmund zeigen sich die beiden Impulse, die Hesses Leben geprägt hatten: auf der einen Seite das Bedürfnis, anerkannt zu werden und ein achtbares und sesshaftes Leben zu führen, auf der anderen Seite der Drang zu vagabundieren, immer im Aufbruch zu sein[154]:

> Dann tut mir das Herz im Leib weh, das ich kein Einsamer und Wanderer mehr bin, und ich gäbe mein bisschen Haus und Glück und Behagen gern für einen alten Hut und Ranzen, um noch einmal die Welt zu grüßen und mein Heimweh über Wasser und Land zu tragen.[155]

Hesse hatte beim Verfassen von *Narziß und Goldmund* seine schlimmste Krise überwunden, er selbst gibt an, dass die Erzählung „in einer eher

---

154 Vgl. Freedman, R.: Hermann Hesse. S. 407.

155 Selbstcharakterisierung Hesses. Zit. nach Freedman, R.: Hermann Hesse. S. 167.

schönen und beschwingten Zeit entstanden"[156] sei. In dem relativen Frieden machte bei Hesse die Verbitterung Platz für Gelassenheit und sehnsüchtiges Träumen. Der verbitterte Haller musste dem liebenswürdigen Goldmund weichen, „das dramatische Tempo des Steppenwolf machte Platz für den epischeren Schritt von Narziß und Goldmund."[157]

Kein Buch Hesses ist zu seinen Lebzeiten so erfolgreich gewesen wie dieses mit 40.000 Exemplaren im Erscheinungsjahr und insgesamt 300.000 Exemplaren bis zu seinem Tode.[158] Es ist aber auch das Werk gewesen, das ihm am meisten Entrüstung und Kritik gebracht hat: „Es erschien nicht lang vor der letzten Krieger- und Heldenepoche Deutschlands und war in hohem Grade unheldisch, unkriegerisch, weichlich und, wie man mir sagte, zur zuchtlosen Lebenslust verführend, es war erotisch und schamlos. Deutsche und schweizerische Studenten waren dafür, dass es verbrannt und verboten werden müsse, und Heldenmütter teilten mir, unter Anrufung des Führers und der großen Zeit, ihre Entrüstung in oft mehr als unartigen Formen mit."[159]

1941 wurde das weitere Erscheinen des Buches untersagt, weil darin die Schilderung eines Pogroms vorkam und Hesse, der bereits im *Steppenwolf* vor einem neuen Krieg gewarnt hatte, es ablehnte, diese beim Neudruck wegzulassen:[160]

> In einer Stadt sah Goldmund mit grimmigem Herzen zu, wie die ganze Judengasse brannte, Haus an Haus, rundum stand das johlende Volk, und die schreienden Flüchtlinge wurden mit Waffengewalt ins Feuer zurückgejagt. (S. 230)
>
> Sie klagte um ihren Vater, der war samt vierzehn anderen Juden auf Befehl der Obrigkeit zu Asche verbrannt worden, sie aber hatte fliehen können, war nun aber verzweifelt zurückgekehrt und klagte sich an, dass sie sich nicht habe mitverbrennen lassen. (S. 233)

Die in *Narziß und Goldmund* klar gezeichnete Opposition von Geist und Natur, Wissenschaft und Kunst, Askese und Leben wird von Erhart als

---

156 Aus: Hermann Hesse: *Wiederbegegnung mit „Goldmund"* (1953). Zit. nach: Narziß und Goldmund. Text und Kommentar. Hrsg. von Hermann Michels. Frankfurt am Main: Suhrkamp 2003. S. 341.

157 Mileck, J.: Dichter. Sucher. Bekenner. S. 218.

158 Vgl. Kuhn, H.: Heraustreten aus der „Totschlägerreihe". S. 368.

159 Aus Hesse: *Wiederbegegnung mit „Goldmund"*. S. 340, 341.

160 Vgl. Kuhn, H.: Heraustreten aus der „Totschlägerreihe". S. 367.

„schematisch“[161] bezeichnet. So heißt es beispielsweise zu Beginn des Romans:

> Wie Narziß dunkel und hager, so war Goldmund leuchtend und blühend. Wie Narziß ein Denker und Zergliederer, so schien Goldmund ein Träumer und eine kindliche Seele zu sein. Aber die Gegensätze überspannte ein Gemeinsames: beide waren sie vornehme Menschen, beide waren sie durch sichtbare Gaben und Zeichen vor den andern ausgezeichnet, und beide hatten sie vom Schicksal eine besondere Mahnung mitbekommen. (S. 21)

Erhart gibt zu Bedenken, dass diese schematische Zeichnung von Charakteren dem Gestus moderner Literatur zuwiderlaufe. Moderne Romane, wie der ein Jahr zuvor erschienene *Berlin Alexanderplatz* Alfred Döblins, würden binären Oppositionen den Kampf ansagen und aufzeigen, dass Identität gerade nicht stabil ist, sondern voller Ungereimtheiten, Durchkreuzungen und Ambivalenzen. Hesses Erzählung *Narziß und Goldmund* befinde sich daher nicht auf der Ranghöhe moderner Literatur, sondern sei „anachronistisch in ihrem Stil, vormodern in ihrer Struktur und Thematik“.[162] Erhart legt weiter dar, dass Goldmund und Narziß jeweils zu einer polarisierten Prägung ihrer selbst finden und stellt die These auf, dass der Leser diese Oppositionen als Anteile in seinem Ich erkennen soll.[163]

Narziß und Goldmund ist insofern tatsächlich weniger *modern* als der *Steppenwolf*, in dem die Ambivalenz und Vielschichtigkeit der menschlichen Persönlichkeit aufgezeigt wird.

Singh weist darauf hin, dass Sprache und Inhalt der Erzählung *Narziß und Goldmund* sowohl von den Zeitgenossen als auch von der Wissenschaft als ein später Reflex der neuromantischen Anfänge Hesses angesehen wurden. Die Korrespondenz innerseelischer Zustände mit Landschaftsbildern und Naturbeschreibungen und auch die semantischen und syntaktischen Strukturen würden an den Schreibstil des 19. Jahrhunderts erinnern und im Kontext der Literatur der zwanziger Jahre des 20. Jahrhunderts (siehe Alfred Döblin oder Franz Kafka) als ein „historisches Zitat“ erscheinen, so dass die Bewertung des Werkes als epigonal und anachronistisch nahe liege.[164] Doch nach Singh nimmt Hesse das

---

161 Vgl. Walter Erhart: Narzissmus und Goldmund. In: Hermann Hesse. 1877 - 1962 - 2002. Hrsg. von Cornelia Blasberg. Tübingen: Attempto 2003. S. 105-106.

162 Vgl. Walter Erhart: Narzissmus und Goldmund. In: Hermann Hesse. 1877 - 1962 - 2002. Hrsg. von Cornelia Blasberg. Tübingen: Attempto 2003. S. 105-106.

163 Vgl. Erhart, W.: Narzissmus und Goldmund. S. 113, 114.

164 Vgl. Singh, S.: Hermann Hesse. S. 191, 192.

Geschehen, das Erzählen, das Schreiben bewusst aus der Zeit, und dieser Anachronismus korrespondiert demzufolge mit Goldmunds Erkenntnis, dass die Kunst einen Sieg über die Zeit bedeutet und Unabhängigkeit von der Zeit: „Die Rückkehr Hesses zu den romantischen Anfängen seines Erzählens ist nicht die formale Resignation eines alternden Schriftstellers, sondern beinhaltet das Bekenntnis zur Zeitlosigkeit der Kunst.“[165]

Kritik wurde nicht nur an der Zeichnung der Charaktere geübt, sondern auch am Sprachstil der Erzählung. Besonders intensive Kritik übte Deschner in seinem erstmals 1957 erschienenen Buch *Kitsch, Konvention und Kunst - Eine literarische Streitschrift*. Die Bewertung Deschners war derart heftig und in ihrer Wortwahl zugleich öffentlichkeitswirksam, dass sie in einer Untersuchung über *Narziß und Goldmund* nicht unerwähnt bleiben kann, wenngleich sie aber auch nicht allzu sehr vertieft werden sollte. Aufgrund ihrer Einseitigkeit und ihres nahezu aggressiven Tons genügt sie wissenschaftlichen Ansprüchen m. E. nur bedingt. So kommt Deschner zu folgendem Urteil:

> Eine ganz und gar auf dem längst Vorgeprägten und Verbrauchten fußende Ausdrucksweise, die hier deutlich das Zuckrig-Romantische, Läppisch-Empfindsame, das Alberne und Abgeschmackte streift [...] Dass eine solche Ausdrucksform, wie sie sich hier dokumentiert, wenig mit Kunst zu tun hat, darüber sollte man wahrhaftig nicht erst diskutieren müssen. Etwas derart Glasiert-Idyllisches, fast möchte man sagen Anakreontisch-Vertändeltes wirkt auf uns heute blass, poliert, süßlich, siruphaft, sentimental, es ist von einer peinlichen Abgeschmacktheit.[166]

Für Deschner ist *Narziß und Goldmund* „Ausdruck einer typisch epigonalen Kunst“[167], das Buch sei „Goldschnittsirup“[168] und liege in seiner allgemeinen Stilebene „gewiss nicht hoch genug [...], um Kunst zu sein.“[169] In großen Dichtungen werde „man selten Passagen von solch überzeugender Kitschigkeit finden, wie hier“.[170]

Die moderne Forschung hat sich weitgehend von dieser plakativen Bewertung Deschners distanziert, zumal Deschners Untersuchung neben der ans Polemische grenzenden Wortwahl auch in sich nicht haltbar ist.

---

165 Singh, S.: Hermann Hesse. S. 200.

166 Vgl. Karlheinz Deschner: Kitsch, Konvention und Kunst. Eine literarische Streitschrift. München: List Verlag 1972. S. 98, 99.

167 Vgl. Deschner, K.: Kitsch, Konvention und Kunst. S. 104.

168 Ebd. S. 108.

169 Ebd. S. 100.

170 Ebd.

So spricht Deschner beispielsweise von „offensichtlichen grammatikalischen Fehlern, die sich in nicht unbeträchtlicher Zahl vorfinden […]"[171], sieht jedoch davon ab, diese näher aufzuzeigen. Darüber hinaus misst Deschner *Narziß und Goldmund* mit einem Anspruch, den Hesse selbst nie für sein Werk reklamierte.

Hesse hat noch heute den Nimbus eines Poeten „des gehobenen Weltschmerzes"[172], in *Narziß und Goldmund* „gibt es auf 270 Seiten nur eine einzige halbwegs komische Stelle, blitzt nur ein einziges Mal etwas wie Humor und Wortwitz auf", nämlich als Goldmund auf den Vagabunden Viktor trifft, welcher sich als Verfasser einer Dissertation über die „Metaphysik der Leberwurst" vorstellt. „Ein Scherz. Wer hätte das gedacht? Aber Viktor muss sein loses Mundwerk büßen, denn Hesse lässt den Spaßvogel von Goldmunds Hand sterben."[173]

Ein charakteristisches Merkmal für Hesses Romane findet sich auch in *Narziß und Goldmund*: Das letzte Kapitel endet mit einem Ausblick. Goldmunds Leben und Sterben wurden erzählt, Narziß weitere Geschichte bleibt offen. Mileck zufolge war Hesse in den Jahren 1927 bis 1928 anscheinend noch nicht bereit, dem Asketen die verdiente Aufmerksamkeit zu widmen oder ihm die Selbstrechtfertigung zu gewähren, die er seinem Goldmund zubilligte. Dies sollte erst in Hesses Alterswerk *Das Glasperlenspiel* (1943) mit der Figur des Josef Knecht geschehen.[174]

2.3 Hesses künstlerisches Selbstverständnis

Wie eingangs erwähnt, lässt sich nach Schleiermacher eine sprachliche Äußerung als Ausdruck eines Lebensmomentes, als das den Schreibenden bewegende Prinzip, verstehen, dessen Verständnis aus dem historischen Lebenskontext rekonstruierbar ist. Einige Parallelen der Lebensentwürfe der Protagonisten zu dem Lebenslauf des Autors wurden bereits aufgezeigt. Um zu einem weitergehenden Verständnis der Romane *Der Steppenwolf* und *Narziß und Goldmund* zu gelangen, ist es jedoch erforderlich, das Prinzip, das Hesse bewegte, nämlich sein künstlerisches Selbstverständnis, vertiefend zu betrachten. In diesem Selbstverständnis

---

171 Ebd. S. 101.

172 Hubert Spiegel: Die Woge wogt, es wallt die Quelle. Wer braucht vierzehntausend Seiten Hesse? Zum Abschluss der Gesamtausgabe der Werke Hermann Hesses in zwanzig Bänden. In: Frankfurter Allgemeine Zeitung. (25.11.2005) S. L 1.

173 Ebd.

174 Vgl. Mileck, J.: Dichter. Sucher. Bekenner. S. 236-238.

kommt Hesses eigener Konflikt zwischen Geist und Natur und dessen mögliche Lösung durch die Kunst zum Tragen.

Bei der allzu voreiligen Übertragung vom Biographischen auf das Künstlerische gilt es, vorsichtig zu sein. Freedman weist darauf hin, dass die Beziehung zwischen dem Menschen Hesse und seinen Werken sowohl einfacher als auch komplexer ist, als es zunächst den Anschein hat: „Einfacher, weil viele der biographischen Analogien derart verblüffend sind, dass man verführerisch leicht ihre Bedeutung für seine fiktiven Werke zu erkennen meint; komplexer, weil man durch eben diese biographischen Analogien so geblendet werden kann, dass man darüber ihre künstlerischen Transformationen ignoriert."[175] Um diese Voreingenommenheit zu vermeiden, erfolgt diese Betrachtung von Hesses künstlerischem Selbstverständnis erst nach der vorangegangenen Betrachtung seiner Werke.

2.3.1 Kunst als Berufung

Hesse, der nach dem Willen seiner Eltern, welche aus missionarischen Kreisen stammten, streng pietistisch erzogen werden sollte, war sich seiner Berufung als Poet schon in frühen Jahren bewusst: „Die Sache war so: von meinem dreizehnten Jahr an war mir das eine klar, das ich entweder Dichter oder gar nichts werden wolle."[176]

Hesses Jugend wurde dadurch geprägt und beschädigt, dass er an der Religion seiner Eltern zweifelte. Er spürte, von ihnen in seiner Eigenart abgelehnt zu werden, fühlte sich verloren. Die Außenseiterrolle, in der er sich selbst sah, sollte als Thema in seinen Büchern später immer wiederkehren. Es schien, „als wollte er sein junges Leben in impulsiven Gebärden wegwerfen".[177] Mit 14 Jahren riss er aus dem evangelisch-theologischen Klosterseminar in Maulbronn aus, in dem er aufgrund des Bestehens des Württembergischen Landexamens in Stuttgart kostenlos ausgebildet werden sollte. Er führte erbitterte Auseinandersetzungen mit seinen Eltern, machte Selbstdrohungen, unternahm sogar einen Selbstmordversuch und brach eine Lehre in einer Buchhandlung vorzeitig ab.

Diese negativen Kindheitserfahrungen Hesses finden auch im *Steppenwolf* Ausdruck, im fiktiven Vorwort des Herausgebers kommt der Neffe der Vermieterin zur folgenden Einschätzung:

---

175 Freedman, R.: Hermann Hesse. S. 13.

176 Hesse in *Kurzgefasster Lebenslauf* (1925). Zit. nach: Materialien zu Hermann Hesses „Der Steppenwolf". Hrsg. von Volker Michels. 7. Auflage. Frankfurt am Main: Suhrkamp 1981. S. 11.

177 Freedman, R.: Herman Hesse. S. 74.

> Hier muss ich eine psychologische Anmerkung einfügen. Obgleich ich über das Leben des Steppenwolfes sehr wenig weiß, habe ich doch allen Grund zu vermuten, dass er von liebevollen, aber strengen und sehr frommen Eltern und Lehrern in jenem Sinne erzogen wurde, der das „Brechen des Willens" zur Grundlage der Erziehung macht. Dieses Vernichten der Persönlichkeit und Brechen des Willens nun war bei diesem Schüler nicht gelungen, dazu war er viel zu stark und hart, viel zu stolz und geistig. Statt seine Persönlichkeit zu vernichten, war es nur gelungen, ihn sich selbst hassen zu lehren.[178]

Singh weist darauf hin, dass die pietistische Erziehung bei Hesse zwar zur Revolte führte, aber auch Voraussetzung für seine spätere Beschäftigung mit dem psychischen Innenraum des Individuums und für seine Tendenz zur Verinnerlichung außerweltlicher Erfahrungen und Erlebnisse war, da in der pietistischen Bewegung die Introspektive, die Auseinandersetzung mit dem Seelenleben des Einzelnen, besondere Bedeutung hatte.[179]

Der Künstler, gleich ob Maler, Musiker oder Dichter, wurde schon früh für Hesse zur idealen Verkörperung menschlicher Vorstellungskraft und Kreativität. Das Künstlerdasein verhieß Unabhängigkeit von gesellschaftlichen Restriktionen:[180]

> So sah ich zwischen mir und meinem fernen Ziel nichts als Abgründe liegen, alles wurde mir ungewiss, alles entwertet, nur das eine blieb stehen: dass ich Dichter werden wollte, ob es nun leicht oder schwer, lächerlich oder ehrenvoll sein mochte.[181]

Eine Grundüberzeugung war wesentlich in Hesses Leben: die von ihm empfundene Unvereinbarkeit von Literatur und Leben. Warum sollte man überhaupt Kunst schaffen, wenn das Alltagsdasein „richtig" wäre und nur das sterbliche Ich existierte? Waren die Unzufriedenen am Ende nur Neurotiker? Wäre es richtig, nur ein Bourgeois, ein Familienvater, ein regelmäßiger Steuerzahler zu sein, Geschäfte abzuwickeln und Kinder zu zeugen? So schrieb Hesse: „Ich kenne besser als irgendeiner den Zustand, in welchem das ewige Selbst in uns dem sterblichen Ich zuschaut und seine Sprünge und Grimassen begutachtet, voll Mitleid, voll Spott, voll Neutralität."[182] In Hesses Vorstellung handelte es sich dabei um zwei Mächte, die einander entgegengesetzt sind und eine Entschei-

178 *Steppenwolf.* S. 17.

179 Vgl. Singh, S.: Hermann Hesse. S. 16.

180 Vgl. Freedman, R.: Hermann Hesse. S. 122.

181 Hesse: *Kurzgefasster Lebenslauf.* S. 11, 12.

182 Zit. nach: Freedman, R.: Hermann Hesse. S. 355.

dung verlangen: Gemeinschaft oder Isolation, Liebe und Ehe oder Dienst an der Dichtung, Familie oder Schriftstellerberuf. Zwischen diesen Polen war er zeitlebens hin und her gerissen.

Letztendlich hatte er sich in seinem Entschluss, „entweder ein Dichter oder sonst gar nichts" zu werden, bereits für die Literatur, also für einen Lebensverzicht, entschieden, auch wenn sich das in dieser Radikalität natürlich nicht immer umsetzen ließ. Er wollte ein exemplarisches Dichterdasein führen und entwarf für sich das Ich-Ideal eines Künstlers, welches immer wieder in seinen Büchern auftauchen sollte. Dies setzte freilich ein gewisses Maß an Leidensbereitschaft und Selbstdisziplinierung zugunsten des Werkes voraus. Hesse arbeitete an seiner Kraft zur Askese, nannte sich selbst einen unverbesserlichen Zölibatär und wurde nach und nach auch äußerlich zu einem „entfleischten", vergeistigten und zerbrechlich zarten Menschen.[183]

2.3.2 Kunst als Ideal

Aufgrund seines eigenen hohen künstlerischen Anspruchs verlief Hesses Leben in einer fortwährenden Dialektik. Bei aller nahe liegenden Notwendigkeit, ein gesittetes und gesichertes Leben zu führen, begann, sobald er für eine gewisse Zeit sesshaft war, eine innere Unruhe, welche er in Arbeit umsetzte, indem er sich selbst auf den Wanderschaften seiner Phantasie beschrieb oder sich tatsächlich auf Wanderschaft begab[184]: „Wann immer er zu Hause war, wollte er in der Fremde sein; wann immer er wanderte, wollte er stillstehen; wann immer er nach asketischer Vergeistigung trachtete, suchte er die fließend bewegliche Vergänglichkeit des Sinnlichen."[185]

Es liegt auf der Hand, dass ein solches Leben zu Lasten der Familie gehen musste. Immerhin war Hesse insgesamt dreimal verheiratet und hatte drei Söhne. Um das künstlerische Ideal tatsächlich leben zu können, bedurfte es schon eines gewissen Maßes an Eigensinn und einer Wahrnehmung der eigenen Künstlerexistenz als Schicksal.

Bezeichnend ist in diesem Zusammenhang ein Aufsatz des Dichters mit dem Titel *Eigensinn*, der unter dem Pseudonym Emil Sinclair 1919 erschienen ist und in dem es heißt:

> Eine Tugend gibt es, die liebe ich sehr, eine einzige. Sie heißt Eigensinn [...] Tugend ist: Gehorsam. Die Frage ist nur, wem man gehorche. Nämlich auch der Eigensinn ist Gehorsam. Aber alle

183 Vgl. Kleine, G.: Das literarische und das gelebte Ich. S. 75, 76.

184 Vgl. Freedman, R.: Hermann Hesse. S. 301.

185 Zit. nach: Freedman, R.: Hermann Hesse. S. 507.

> anderen so sehr beliebten und belobten Tugenden sind Gehorsam gegen Gesetze, welche von Menschen gegeben sind. Einzig der Eigensinn ist es, der nach diesen Gesetzen nicht frägt. Wer eigensinnig ist, gehorcht einem anderen Gesetz, einem einzigen, unbedingt heiligen, dem Gesetz in sich selbst; dem Sinn des „Eigenen" [...] Nur der Held ist es, der den Mut zu seinem eigenen Schicksal findet.[186]

Im selben Jahr hatte sich Hesse von seiner Familie getrennt und war ins Tessin nach Montagnola bei Lugano gezogen, wo er bis zu seinem Tode blieb.

Hesse neigte dazu, jedes Ereignis nicht als zufällig zu verstehen, sondern als Teil eines übergeordneten Ganzen, zu dem es in einer dialektischen oder polarisierenden Beziehung steht. Diese Auffassung ist Produkt seiner Beschäftigung mit Schelling und Hegel, aber auch mit indischen und chinesischen Philosophen. Überhaupt stand ihm das Konzept der Dialektik, in dem Gegensätze als solche erkannt, dann aber versöhnt werden, nahe.[187]

Hesse beschränkte sich in seinen Werken nicht auf Protest und Verweigerung. Haller hätte ja durchaus Hermines Einladung zum Abendessen oder später zum Maskenball ausschlagen und sich selbst endlich umbringen können. Goldmund hätte schließlich den Ruf des Sinnenlebens überhören können. In all seinen Werken schildert Hesse den Prozess der Individuation. Dieses Ich-Werden kann nur durch Erziehung erreicht werden, und zwar durch Selbsterziehung, so unangenehm sie auch sein mag.[188]

Insofern verstand sich Hesse gewissermaßen als Anwalt des Individuums. „Marx will die Welt verändern, ich aber den einzelnen Menschen", heißt es in einem seiner Briefe. „Er wendet sich an Massen, ich an Individuen." Er hielt nichts von Aktionismus und auch nicht von direktem politischen Engagement des Schriftstellers, auch wenn Hesse öfter Stellung zum politischen Zeitgeschehen nahm und sich dadurch viele Feinde schuf. Für Hesse ist der Schriftsteller allein seinem Gewissen verantwortlich ist, daher muss er alleine stehen, um seiner Aufgabe, nämlich Analyse, Vorhersage und Warnung, gerecht werden zu können.[189]

186 Zit. nach: Ball, H.: Hermann Hesse. S. 51, 52.

187 Vgl. Freedman, R.: Hermann Hesse. S. 51.

188 Vgl. Unseld, S.: Werk und Entstehungsgeschichte. S. 16.

189 Ebd. S. 17.

2.3.3 Kunst als Bekenntnis

> Ich habe schon seit Jahren den ästhetischen Ehrgeiz aufgegeben und schreibe keine Dichtung, sondern eben Bekenntnis, so wie ein Ertrinkender oder Vergifteter sich nicht mit seiner Frisur beschäftigt oder mit der Modulation seiner Stimme, sondern eben hinausschreit.[190]

Die reziproke Beziehung zwischen seinem Leben und seiner Kunst ist eines der spezifischen Kennzeichen im Werk Hermann Hesses. Er setzte seine literarische Arbeit als ein Mittel zur Bewältigung seiner psychischen Krisen ein, diese Krisen wurden Stoff für seine Werke, um dadurch über sie hinauszuwachsen. Dies lässt sich insbesondere am *Steppenwolf* beobachten.[191] Der Autor selbst bekannte, dass er nichts geschrieben habe als das, was aus ihm „herauswollte", er schuf durch seine „Seelenbiographien" ein Gesamtwerk, das als Konfession, als Darstellung seines Denkens und Lebens anzusehen ist. Seine eigenen Erfahrungen und die eigene Erlebniswelt versuchte er zu bewältigen und zu ordnen. Alle Hauptfiguren seiner Erzählungen sind Facetten, sind Entwürfe seines Ichs, sind eine Zeit lang Symbol und Träger seines Erlebens, seiner Gedanken und Probleme.[192] Hesse schrieb ununterbrochen, er arbeitete an Erzählungen und Gedichten, aber auch an Tagebüchern und zahllosen Briefen und verschob mit Hilfe der Kunst die Trennungslinie zwischen bewussten und unbewussten Erlebnissen.[193]

Diese offene Selbstdarstellung ist Folge der ausführlichen Beschäftigung Hesses mit der Methode der Psychoanalyse Carl Gustav Jungs. Hesses autobiographischen Schriften halfen ihm, sowohl die eigene quälende Gegenwart im Zusammenhang mit der Vergangenheit zu verstehen und dadurch ihren Sinn zu begreifen als auch archetypische Muster in seinem bisherigen Leben zu verfolgen.[194] Besonders in seinen Werken nach 1917, nach den Kriegserlebnissen, dem Scheitern des Familienlebens und einer tiefen seelischen Krise, werden Selbstbegegnung und Selbstanalyse zum wesentlichen Impuls seines Schaffens. Hinzu kommen eine von Friedrich Nietzsche stark beeinflusste Kulturkritik, die Vorstellung von einer gesamteuropäischen Krise. Dieser „Untergang Europas" war für Hesse Folge einer seelischen Ermüdung des abendländischen Menschen,

---

190 Hermann Hesse. Zit. nach: Michels, V. (Hrsg.): Materialien zu Hermann Hesses „Der Steppenwolf". S. 7.

191 Vgl. Freedman. R.: Hermann Hesse. S. 375.

192 Vgl. Unseld, S.: Werk und Wirkungsgeschichte. S. 8.

193 Vgl. Freedman, R.: Hermann Hesse. S. 12.

194 Vgl. Theodore Ziolkowski: Der Schriftsteller Hermann Hesse. Wertung und Neubewertung. Frankfurt am Main: Suhrkamp 1979. S. 110.

daher könne die Erneuerung nur auf „innerem Wege" durch die Wandlung des Individuums geschehen.[195]

Hesses Werke und Wirken, sein Leben und Leiden sind Gegenstand zahlreicher Biographien, von denen die zeitgenössische, die sein Freund Hugo Ball zum 50. Geburtstag des Autoren veröffentlicht hat, die bekannteste ist und welche Hesse zufolge dokumentiert, „dass die persönliche unheilbare, doch notdürftig gemeisterte Neurose eines geistigen Menschen zugleich Symptom ist für die Zeitseele."[196]

---

195 Vgl. Esselborn-Krumbiegel, H.: Hermann Hesse. S. 14, 16.

196 Zit. nach Esselborn-Krumbiegel, H.: Hermann Hesse. S. 78.

3 Fazit

Nach dem Zweiten Weltkrieg, als Hesses Bücher in Deutschland wieder gedruckt und verbreitet werden konnten, dominierte in der Germanistik die Methode der werkimmanenten Interpretation, der biographische Aspekt wurde außen vor gelassen. Nach den Erfahrungen durch nationalsozialistische Literaturinterpretation, die ihre weltanschauliche Ausrichtung in Texte hineinprojizieren und aus diesen wieder herauslesen wollte, war man bemüht, das „reine Werk" zu erfassen, ohne zeitgeschichtlichen und gesellschaftlichen Hintergrund[197] – bei den Werken von Hesse ein nur bedingt ertragreiches Unterfangen, möchte man meinen, bei einer derart deutlichen und ausgeprägten Verknüpfung von Biographischem und Literarischem. Die vorliegende Untersuchung hat aufgezeigt, dass bei der Lektüre von *Der Steppenwolf* und *Narziß und Goldmund* die Heranziehung der Biographie des Autors ausgesprochen erkenntnisreich ist. Hesse hat seinen eigenen Konflikt zwischen einer passiv-geistigen und einer aktiv-sinnlichen Lebensweise, zwischen einer vita contemplativa und einer vita activa, in diesen Werken anhand verschiedener Lebensentwürfe literarisch verarbeitet.

Aus Gründen der Einschränkung wurden nur zwei Werke Hesses im Rahmen dieser Arbeit betrachtet. Zu weiteren Erkenntnissen dürfte die Einbeziehung weiterer führen, da die Vermutung nahe liegt, dass sich die enge Verknüpfung von Biographie und Werk und der Konflikt von Geist und Natur auch dort finden lässt. So weist beispielsweise der Verlauf der Jugend von Hermann Hesse viele Ähnlichkeiten mit der des Emil Sinclair aus *Demian* (1919) auf. Beide hatten einen strengen Vater und eine sanfte Mutter, Probleme auf dem Gymnasium, litten unter Depressionen und drohten den Eltern mit Selbstmord. Und mit dem Charakter des Josef Knecht in *Das Glasperlenspiel* (1943) widmet Hesse der asketischen und rein geistigen Lebensweise viel stärkere Aufmerksamkeit, als es noch bei Narziß der Fall gewesen ist.

Als aufschlussreich könnte sich auch eine intertextuelle Untersuchung der hier behandelten Werke Hesses und der Novelle *Der Tod in Venedig* (1913) von Thomas Mann erweisen. Dem beinahe fünfzigjährigen Harry Haller im *Steppenwolf* entspricht der über fünfzigjährige Schriftsteller Gustav von Aschenbach in *Der Tod in Venedig*. Ähnlich wie Haller hat von Aschenbach sein Leben seinem künstlerischem Ideal, seinem Ethos gewidmet. Erst im fortgeschrittenen Alter gelingt es beiden, sich für die Sinnlichkeit zu öffnen. Aber auch in *Narziß und Goldmund* finden sich Parallelitäten zu *Der Tod in Venedig*. So haben zum Beispiel sowohl

---

197 Vgl. Kleine, G.: Das literarische und das gelebte Ich. S. 78.

Goldmund als auch von Aschenbach sexuell motivierte Träume von einer Urwald-Wildnis. Von Aschenbach sah demnach

> [...] eine Landschaft, ein tropisches Sumpfgebiet unter dickdunstigem Himmel, feucht, üppig und ungeheuer, eine Art Urweltwildnis aus Inseln, Morästen und Schlamm führenden Wasserarmen, - sah aus geilem Farrengewucher, aus Gründen von fettem, gequollenem und abenteuerlich blühendem Pflanzenwerk haarige Palmenschäfte nah und ferne emporstreben [...][198]

Goldmund träumte, nachdem seine Neurose durch Narziß offen gelegt und gleichzeitig geheilt und ihm die Mutterwelt wieder zugänglich gemacht worden war, oft von einem Garten,

> [...] einem Zaubergarten mit märchenhaften Bäumen, übergroßen Blumen, tiefen blaudunklen Höhlen [...] an Reben und Gesträuchen hingen groß und feuchtglänzend riesige Beeren, die schwollen beim Pflücken in seiner Hand und vergossen warmen Saft wie Blut [...] er lehnte sich tastend an einen Baum, griff nach einem Ast und sah und fühlte zwischen Stamm und Ast ein Gekräusel wirrer dichter Haare nisten wie das Haar in der Höhle einer Achsel. (65, 66)

In seiner ersten Schaffenszeit setzte sich Mann ebenso wie Hesse mit dem Dualismus Bürger und Künstler auseinander. Eine vergleichende hermeneutische Untersuchung dürfte sich umso mehr als interessant erweisen, da beide Autoren eine Freundschaft unter Künstlern pflegten.

Hesses Werke, darunter insbesondere *Der Steppenwolf*, waren und sind Gegenstand unzähliger Interpretationen. Ziel der vorliegenden Arbeit war es, dazu einen Beitrag zu leisten, der unter Verwendung der hermeneutischen Methodik die Lebensentwürfe in *Der Steppenwolf* und *Narziß und Goldmund* hinsichtlich des Konfliktes zwischen Geist und Natur untersucht und in Beziehung zur Biographie des Autoren Hermann Hesse setzt. Ungeachtet der Beurteilung, ob dieses Unterfangen gelungen ist, hätte diese Untersuchung vermutlich nur bedingt Hesses Gefallen gefunden - schließlich war ihm mehr an der erlebenden Aufnahme durch den Leser gelegen als an der analytischen Sezierung.[199]

Diese Ansicht wird in folgender Antwort Hesses vom 9. Januar 1956 an einen jungen Briefschreiber, der Hesse um eine Erklärung Kafkas gebeten hatte, deutlich:

> Wer fähig ist, einen Dichter wirklich zu lesen [...] dem geben diese Werke in ihrer Sprache jegliche Antwort [...] Er [Kafka] gibt

198 Thomas Mann: Der Tod in Venedig. 19. Auflage. Frankfurt am Main: Fischer 2007. S. 14.

199 Vgl. Mileck, J.: Dichter. Sucher. Bekenner. S. 9.

uns die Träume und Visionen seines einsamen, schweren Lebens [...] und diese Träume und Visionen einzig sind es, die wir bei ihm zu suchen und anzunehmen haben, nicht die „Deutungen", die diesen Dichtungen von scharfsinnigen Interpreten gegeben werden können. Dies „Deuten" ist ein Spiel des Intellekts [...] gut für kluge [...] Leute, die Bücher über Negerplastik oder Zwölftonmusik lesen und schreiben können, aber nie ins Innere eines Kunstwerks Zugang finden, weil sie am Tor stehen, mit Schlüsseln daran herumprobieren und gar nicht sehen, dass das Tor ja offen ist.[200]

200 Zit. nach: Mileck, J.: Dichter. Sucher. Bekenner. S. 9.

4 Literaturverzeichnis

4.1 Quellen

Hesse, Hermann: Narziß und Goldmund. Frankfurt am Main: Suhrkamp 1996.

Hesse, Hermann: Der Steppenwolf. Frankfurt am Main: Suhrkamp 1974.

Thomas Mann: Der Tod in Venedig. 19. Auflage. Frankfurt am Main: Fischer 2007.

4.2 Forschungsliteratur

Ball, Hugo: Hermann Hesse. Sein Leben und sein Werk. Frankfurt am Main: Suhrkamp 1977.

Becker, Udo: Lexikon der Symbole. Köln: Komet 1992.

Carlsson, Anni: Zur Geschichte des Steppenwolfsymbols (1972). In: Materialien zu Hermann Hesses „Der Steppenwolf". Hrsg. von Volker Michels. 7. Auflage. Frankfurt am Main: Suhrkamp 1981. S. 377-381.

Decloedt, Leopold R. G.: Hesses „Steppenwolf": mehr als eine reine Autobiographie. In: Germanistische Mitteilungen 29 (1989). S. 31-38.

Deschner, Karlheinz: Kitsch, Konvention und Kunst. Eine literarische Streitschrift. München: List Verlag 1972.

Die deutsche Literatur in Text und Darstellung. Klassik. Herausgegeben von Gabriele Wirsich-Irwin. Stuttgart: Reclam 1998.

Erhart, Walter: Narzissmus und Goldmund. In: Hermann Hesse. 1877 - 1962 - 2002. Hrsg. von Cornelia Blasberg. Tübingen: Attempto 2003. S. 103-121.

Esselborn-Krumbiegel, Helga: Hermann Hesse. Stuttgart: Reclam 1996.

Field, George W.: Hermann Hesse. Kommentar zu sämtlichen Werken. Aus der Reihe: Stuttgarter Arbeiten zur Germanistik. Hrsg. von Ulrich Müller, Franz Hundsnurscher und Cornelius Sommer. Nr. 24. Stuttgart: Verlag Hans-Dieter Heinz 1977.

Freedman, Ralph: Hermann Hesse. Autor der Krisis. Eine Biographie. Frankfurt am Main: Suhrkamp 1991.

Gadamer, Hans-Georg: Sprache als Medium der hermeneutischen Erfahrung. In: Texte zur Literaturtheorie der Gegenwart. Hrsg. von Dorothee Kimmich, Rolf Günter Renner und Bernd Stiegler. Stuttgart: Reclam 1996. S. 28-41.

Habermas, Jürgen: Erkenntnis und Interesse. Frankfurt am Main: Suhrkamp 1973.

Herold, Denis: Schule des Lebens. Zitate, die das Leben schrieb. Ottersberg: Asaro 2001.

Hesse. Sein Leben in Bildern und Texten. Hrsg. von Volker Michels. Frankfurt am Main: Insel Verlag 1987.

Illustrierte Geschichte der deutschen Literatur in sechs Bänden. Hrsg. von Anselm Salzer und Eduard von Trunk. Frechen: Komet o. J.

Kimmich, Dorothee: Einleitung: Hermeneutik. In: Texte zur Literaturtheorie der Gegenwart. Hrsg. von Dorothee Kimmich, Rolf Günter Renner und Bernd Stiegler. Stuttgart: Reclam 1996. S. 17-28.

Kleine, Gisela: Das literarische und das gelebte Ich Hermann Hesses in der Wirkungsgeschichte. In: Hermann Hesse. Politische und wirkungsgeschichtliche Aspekte. Hrsg. von Sigrid Bauschinger und Albert Reh. Bern: Francke 1986. S. 73-97.

Knapp, Bettina L.: Hermann Hesse: „Demian" und „Der Steppenwolf". Von der psychischen „Inflation" zu Entfremdung. In: Jahrbuch für Internationale Germanistik 20 (1988). Band 2. S. 79-106.

Lahann, Birgit: Hermann Hesse. Dichter für die Jugend der Welt. Frankfurt am Main: Suhrkamp 2002.

Lämmert, Eberhard: Hermann Hesse - Einzelgänger für Millionen. Ein Vortrag. In: Jahrbuch der deutschen Schillergesellschaft 21 (1977). S. 532-542.

Lequen, Franz H.: Hermann Hesse. Der Steppenwolf. Siddhartha. Zum Verständnis seiner Prosa. Hollfeld: Beyer 1977.

Materialien zu Hermann Hesses „Der Steppenwolf". Hrsg. von Volker Michels. 7. Auflage. Frankfurt am Main: Suhrkamp 1981.

Mayer, Dieter: Hermann Hesses „Steppenwolf". Ein ideologiekritischer Versuch im Deutsch- und Gesellschaftskundeunterricht der Klassen 12 und 13. In: Diskussion Deutsch 4 (1973). Heft 13. S. 203-226.

Metzler-Literatur-Lexikon. Begriffe und Definitionen. Hrsg. von Günther und Irmgard Schweickle. 2. Auflage. Stuttgart: Metzler 1990.

Meyer, Hans: Hermann Hesse und das Magische Theater. Ein Vortrag. In: Jahrbuch der deutschen Schillergesellschaft 21 (1977). S. 517-532.

Mileck, Joseph: Hermann Hesse. Dichter. Sucher. Bekenner - Biographie. Frankfurt am Main: Suhrkamp 1987.

Narziß und Goldmund. Text und Kommentar. Hrsg. von Hermann Michels. Frankfurt am Main: Suhrkamp 2003.

Nicolai, Ralf R.: Hesses „Narziß und Goldmund". Kommentar und Deutung. Würzburg: Königshausen und Neumann 1997.

Niefanger, Dirk: Harry Haller und die großen Männer. Hermann Hesses Steppenwolf im Kontext der Biografien-Mode. In: Hermann Hesse. 1877 - 1962 - 2002. Hrsg. von Cornelia Blasberg. Tübingen: Attempto 2003. S. 87-103.

Pfeifer, Martin: Erläuterungen zu Hermann Hesse „Narziß und Goldmund". 7. Auflage. Hollfeld: Bange 1992.

Pfeifer, Martin: Hermann Hesse. Siddharta. Der Steppenwolf. Zum Verständnis seiner Prosa. Erläuterungen - Didaktisch-methodische Hinweise. 4. Auflage. Hollfeld: Beyer 1994.

Pfeifer, Martin: Hesse-Kommentar zu sämtlichen Werken. München: Winkler 1980.

Rusterholz, Peter: Hermeneutische Modelle. In: Grundzüge der Literaturwissenschaft. Hrsg. von Heinz Ludwig Arnold und Heinrich Detering. München: DTV 1996.

Friedrich Schleiermacher: Hermeneutik und Kritik. Hrsg. von Manfred Frank. Frankfurt am Main: Suhrkamp 1977.

Schwarz, Egon: Hermann Hesse: Der Steppenwolf. In: Interpretationen: Romane des 20. Jahrhunderts. Stuttgart: Reclam 1993. S. 128-157.

Singh, Sikander: Hermann Hesse. Stuttgart: Reclam 2006.

Spiegel, Hubert: Die Woge wogt, es wallt die Quelle. Wer braucht vierzehntausend Seiten Hesse? Zum Abschluss der Gesamtausgabe der Werke Hermann Hesses in zwanzig Bänden. In: Frankfurter Allgemeine Zeitung (25.11.2005). S. L 1.

Szondi, Peter: Einführung in die literarische Hermeneutik. Studienausgabe der Vorlesungen. Hrsg. von Jean Bollack. Band 5. Frankfurt am Main: Suhrkamp 1975.

Unseld, Siegfried: Hermann Hesse. Werk und Entstehungsgeschichte. Frankfurt am Main: Insel Verlag 1987.

Voit, Friedrich: Hermann Hesse. Der Steppenwolf. Erläuterungen und Dokumente. Stuttgart: Reclam 2002.

Walther, Klaus: Hermann Hesse. München: DTV 2002.

Ziolkowski, Theodore: Der Schriftsteller Hermann Hesse. Wertung und Neubewertung. Frankfurt am Main: Suhrkamp 1979.

Ziolkowski, Theodore: Hermann Hesses „Steppenwolf". Eine Sonate in Prosa (1958). In: Materialien zu Hermann Hesses „Der Steppenwolf". Hrsg. von Volker Michels. 7. Auflage. Frankfurt am Main: Suhrkamp 1981. S. 353-377.